(1)

SANS FRONTIÈRES
WORKBOOK

A Contemporary Program for Communicating in French

LEVEL ONE

Michèle Verdelhan
Assistante en linguistique générale
à l'université de Montpellier

Michel Verdelhan
Professeur à l'École Normale
de Montpellier

Philippe Dominique
Agrégé de l'université
Maître assistant à l'université d'Aix-en-Provence

Sister Marie Celeste, S.C., Ph.D.
Professor of Modern Languages
Loyola University of Chicago
Former Director of Foreign Languages
State of Illinois

National Textbook Company
NTC a division of *NTC Publishing Group* • Lincolnwood, Illinois USA

1993 Printing

© 1985, 1983 by National Textbook Company,
a division of NTC Publishing Group,
and CLE International (Nathan, Paris).
All rights reserved. No part of this book may be reproduced,
stored in a retrieval system, or transmitted in any form, or by any means,
electronic, mechanical, photocopying or otherwise, without the prior
written permission of NTC Publishing Group.
4255 West Touhy Avenue, Lincolnwood (Chicago), Illinois 60646-1975 U.S.A.
Manufactured in the United States of America.

3 4 5 6 7 8 9 0 VP 19 18 17 16 15 14 13 12 11

CONTENTS

Unit IV A Parisian family settles in the South of France

Lessons 16-20 (Describing locations)

INTRODUCTION

This workbook accompanies the student textbook, *Sans Frontières*, Level 1. It complements the objectives of the textbook in the use of selected themes and linguistic activities involving everyday living situations in a genuine French context. It reinforces the language skills of reading, writing, listening, and speaking, and offers students additional opportunities to broaden their knowledge of French culture and customs. It is particularly useful in helping students to learn the course content with maximum ease and as a tool for self-study.

The program components consist of four units, each unit embodying five lessons woven around a single theme. The graphic illustrations within each lesson of the text and workbook help to clarify the ideas by depicting the vocabulary words. In this workbook, a French/English vocabulary list with international phonetic symbols follows each of the twenty lessons, and is divided into three sections.

Pictographs are used to designate the sections as either "active" or "passive" vocabulary, that is, as *basic* and *essential* or *supplementary* and *optional*. The vocabulary used in the dialogues, the written exercises, the phonetics, and in the questions and answers is active, or essential, vocabulary (🖼). The vocabulary found in the *documents authentiques* (🔊) and in the *vocabulaire* and the *grammaire* (📖) is passive, or optional. Only the active/essential vocabulary is listed in the glossary in the student textbook.

To find the exact meaning of a word in a given context, students are encouraged to refer back to the lesson in which that word occurs or consult the glossary at the end of the student textbook.

Each unit in the workbook correlates with the lessons in the student textbook and is arranged in the same sequence. The workbook provides supplementary exercise drills, strengthens the grammar points already presented in the textbook, and allows for mastery of both written and oral French.

A "Unit Summary" in French and English is found at the end of each unit. It provides for a rapid vocabulary review and a schematic summary of the objectives, themes, phonetics, and grammar for each lesson.

A French/English index of key words and commands and the grammatical terms used in both the student textbook and workbook are listed in special sections in this workbook in alphabetical order. Examples to illustrate the grammar usages are given in French.

Guidelines on French sounds and pronunciation are included in this workbook as a supplement to the course content. Examples are taken from the student textbook. For additional French sounds and pronunciation, students may refer to the International Phonetic Alphabet at the back of the student textbook.

A set of three cassette tapes taken from the dialogues and the linguistic drills in each of the four units accompanies the student textbook. The transcriptions for these cassettes are included here as a self-help exercise and may be used in the classroom, the language laboratory, or at home. The listening time is three hours.

The material for the course content in *Sans Frontières*, Level 1, was developed and tested at the Centre Universitaire de Vacances, a summer program for international students sponsored by the University of Montpellier, France.

Exercice 1 : complétez

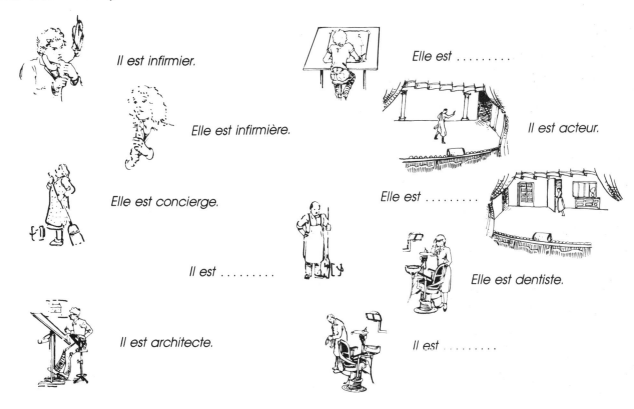

Il est infirmier.

Elle est infirmière.

Elle est ....

Il est acteur.

Elle est concierge.

Elle est ....

Il est ....

Elle est dentiste.

Il est architecte.

Il est ....

Exercice 2 : Ils se présentent

Complétez selon le modèle.

1	*Je m'appelle Peter...*	*Je suis Irlandais...*	*J'ai 35 ans...*
2			
3			
4			

Exercice 3 : Présentez-les selon le modèle.

n° 1   *Il s'appelle Peter. Il est dentiste à Dublin en Irlande. Il a . . . .*
n° 2   _____
n° 3   _____
n° 4   _____

Exercice 4 : Continuez selon le modèle.

Maria	23/11/1950	*Elle est née le 23 novembre 1950. Elle a ... ans.*
John	13/5/1943	Il ....
Deborah	14/7/1954	....
Ahmed	7/1/1957	....

Exercice 5 : Écrivez les nombres en lettres.

2 deux	3	4	5 ....
12 douze	13	14	15 ....
20 vingt	30	40	50 ....
21	31	41	51 ....
22	33	44	55 ....

Exercice 6 : Rayez les lettres qui ne se prononcent pas.

PARIS,   BOULEVARD,   COURS,   VINGT,   TROIS,   SEPT

Exercice 7 : Dans quel mot la lettre « X » ne se prononce pas ?

deux   six   dix

Exercice 8 : Mettez S ou Z sous la lettre X selon sa prononciation.

dix   dix-sept   dix-huit   dix-neuf

Exercice 9 : Ajoutez les accords ou corrigez-les.

Marie est français...   Il est chinois...   Je suis bolivienne... *if a f. talking*
Elle est né le 12/1/1948...   Il est née le 27/9/1953... Je suis née le 17/11/1951...
Elle est actrice...   Il est infirmière...   Je suis médecin...

Exercice 10 : Marquez les liaisons suivant le modèle.

J'ai vingt-cinq ans. J'habite à Paris.
Il s'appelle Alain. Elle est américaine.
Il est français. Il est étudiant. Il est tunisien.
Il est architecte. Je suis allemand. Elle est mexicaine.
Il s'appelle Alexandre. Elle est infirmière. Il s'appelle Henri.
Elle habite à Berlin.

2

VOCABULAIRE/VOCABULARY

je m'appelle Jacques Martineau
[ʒəmapɛlʒakmartino] my name is Jacques Martineau
je suis [ʒ(ə)sɥi] I am
français, -e [frɑ̃sɛ/-z] French
je suis français, -e I am French
j'ai [ʒe] I have
j'ai 25 ans [vɛ̃tsɛ̃kɑ̃] I am 25 years old

je suis né, -e [. . .ne] I was born
à Marseille [marsɛj] in Marseilles
le/la pianiste [lə/lapjanist] (the) pianist
j'habite à Paris [ʒabitapari] I live in Paris
la place [laplas] place, locality
place de la Contrescarpe [. . .dəlakɔ̃trɛskarp] Contrescarpe

les professions ʃ pl [leprɔfɛsjɔ̃] professions
le/la journaliste [. . .ʒurnalist] journalist
le médecin [. . .medsɛ̃] doctor
l'infirmier m [lɛ̃firmje] male nurse
l'infirmière ʃ [lɛ̃firmjɛr] nurse
le/la dentiste [. . .dɑ̃tist] dentist
le/la secrétaire [. . .səkretɛr] secretary
l'architecte m ʃ [larʃitɛkt] architect
l'étudiant, -e [letydjɑ̃/-t] student
le/la président, -e [ləprezidɑ̃] president
l'acteur m [laktœr] actor
l'actrice ʃ [laktris] actress
la France [lafrɑ̃s] France
la Chine [laʃin] China
l'Allemagne ʃ [lalmaɲ] Germany
la Tunisie [latynizi] Tunisia
le Japon [ləʒapɔ̃] Japan
le Mexique [ləmɛksik] Mexico

les États-Unis [lezetazyni] the United States
en France [ɑ̃. . .] in France
au Japon [o. . .] in Japan
la nationalité [nasjɔnalite] nationality
je suis français, -e [frɑ̃sɛ/-z] I am French
je suis japonais, -e [ʒapɔnɛ/-z] I am Japanese
je suis chinois, -e [ʃinwa/-z] I am Chinese
je suis mexicain, -e [mɛksikɛ̃/-ɛn] I am Mexican
je suis américain, -e [amerikɛ̃/-ɛn] I am American
je suis tunisien, -ne [tynizjɛ̃/-ɛn] I am Tunisian
je suis canadien, -ne [kanadjɛ̃/-ɛn] I am Canadian
je suis allemand, -e [ʒəsɥizalmɑ̃/-d] I am German
il/elle s'appelle Kurt, Maria. . . [ilsapɛl. . .] his/her name is Kurt, Maria
il/elle est pianiste [il/ɛlɛ. . .] he/she is a pianist
il/elle habite à Paris [. . .abitapari] he/she lives in Paris

le passeport [ləpaspɔr] passport
le nom [lənɔ̃] name
le prénom [ləprenɔ̃] first name

né le [nelə] born
le domicile [lədɔmisil] residence
l'adresse [ladrɛs] address

UNITÉ 1, Leçon 2 *Bonjour, Monsieur Martineau*

Exercice 1 : Marquez les liaisons.

Quelle heure est-il ? Il dit bonsoir à François.
Il est vingt-trois heures. Il dit au revoir au chef d'orchestre.

Exercice 2 : Mettez S ou Z sous la lettre X selon sa prononciation :

Six. Il est six heures.
Dix. Il est dix heures.

Exercice 3 : Soulignez la (ou les) lettre qui ne se prononce pas :

DANEMARK   AU REVOIR   ALLEMAND   MÉDECIN   MADEMOISELLE   ET DEMIE   BONNE NUIT.

Exercice 4 : Complétez selon le modèle avec le, la, l' :

Albert, coiffeur :   le coiffeur s'appelle Albert.   Jacques, pianiste : . . . .
Anna, journaliste : . . . .   Carmen, étudiante : . . . .

Exercice 5 : Complétez en employant le, la, l', **et** à, au, à la, à l' :

1. . . . . agent de police est dans . . . . rue. Il dit bonjour . . . . coiffeuse.
2. . . . . étudiante est devant . . . . école. Elle dit bonjour . . . . professeur.
3. . . . . chef d'orchestre est devant . . . . opéra. Il dit au revoir . . . . Jacques.
4. . . . . musicien est devant . . . . maison. Il dit bonsoir . . . . chef d'orchestre.
5. . . . . concierge est dans . . . . escalier. Il dit bonne nuit . . . . infirmière.

Exercice 6 : Lisez.

Le Venezuela.   Le Brésil.   L'Argentine.   La Hollande.
La Colombie.   La Nouvelle-Zélande.   L'Australie.

Complétez suivant le modèle.

Fernando est né au Venezuela. Il est vénézuélien

Maria . . . . Brésil. . . . .
Carmen . . . . Argentine. . . . .
Gréta . . . . Hollande. . . . .
Marco . . . . Colombie. . . . .
Marilyn . . . . Nouvelle-Zélande. . . . .
Gary . . . . Australie. . . . .

VOCABULAIRE/VOCABULARY

dix heures [dizœr] ten o'clock
bonjour [bɔ̃ʒur] hello
madame Lenoir [bɔ̃ʒurmadamlənwar] Mrs. Lenoir
monsieur Lenoir [məsjø. . .] Mr. Lenoir
ça va? [sava] how are you? how are things going?
ça va fine
le/la concierge [kɔ̃sjɛrʒ] apartment manager, doorman
et [e] and
vous [vu] you (formal)
ça va, et vous? fine, and you?
s'il vous plaît [silvuplɛ] please
quelle heure est-il? [kɛlœrɛtil] what time is it?
merci [mɛrsi] thank you
l'agent *m* [laʒɑ̃] **(de police)** policeman

salut, François [salyfrɑ̃swa] hi, François
comment ça va? [kɔmɑ̃. . .] how's it going? (Or, how are things going?)
ça va, et toi? [. . .twa] fine, and you? (informal)
au revoir [orəvwar] goodbye
à demain [adəmɛ̃] see you tomorrow
le chef d'orchestre [ʃɛfdɔrkɛstr] conductor
bonsoir [bɔ̃swar] good evening
le présentateur [presɑ̃tatœr] news commentator
bonne nuit [bɔnnɥi] good night
mademoiselle [madmwazel] Miss
il dit [. . .di] he says
il dit bonsoir à François he says good evening to François
le/la coiffeur, -euse [kwafœr/-øz] hairdresser

le lieu [ljø] place
dans [dɑ̃] in
dans la rue [dɑ̃lary] in the street
devant [dəvɑ̃] in front of
la maison [mezɔ̃] house
devant la maison in front of the house
l'escalier *m* [lɛskalje] staircase
l'heure *f* [lœr] the time, the hour
il est onze heures et quart [ilɛ̃zœrekar] it's a quarter past eleven
il est sept heures et demie [. . .sɛtœredmi] it's seven thirty
moins [mwɛ̃] to

il est sept heures moins dix [. . .dis] it's ten to seven
il est deux heures moins le quart [. . .døzœr. . .] it's a quarter to two
midi [midi] midday, noon
minuit [minɥi] midnight
la salutation [salytasjɔ̃] greeting
le musicien [myzisjɛ̃] musician (male)
la musicienne [myzisjɛn] musician (female)
l'ingénieur *m* [lɛ̃ʒenjœr] engineer
le professeur [profesœr] teacher, professor
la femme [fam] woman

informations [ɛ̃fɔrmasjɔ̃] news
le script board [skriptbɔrd] script board

magazine [magazin] magazine
le plan [plɑ̃] plan

UNITÉ 1, Leçon 3 _Le rendez-vous_

Exercice 1 : Rayez la lettre qui ne se prononce pas :

CONCERT   D'ACCORD   RESTAURANT   APRÈS-MIDI   BEAUCOUP

Exercice 2 : Marquez les liaisons :

Vous êtes libre ?   Est-ce que vous allez à l'Opéra ?

Est-ce que Jacques habite à Paris ?   Il travaille à huit heures.

Exercice 3 : Regardez les dessins ou les documents et complétez.

Giovanni FERRERI

Médecin   ROME

1. Est-ce que Giovanni habite à Paris ?

   Non, il .... pas .... Paris.

   Il .... Rome.

2. Est-ce qu'elle va à Nîmes ?

   Non, ...

   Elle ....

3. Est-ce que tu dînes avec Alice ?

   Non, ...

   .... Pierre.

4. Est-ce qu'il travaille à la radio ?

   Non, ...

   .... la télévision.

5. Est-ce que vous allez à Paris ?

   Non, ...

   .... Dijon.

Exercice 4 : Complétez.

1. Est-ce que tu vas à l'Opéra ?
2. Il n'est.... pas.... libre le mardi.
3. Le lundi, je ...ne... travaille .pas...
4. Vous .... venir à 3 h ? — Non, ... peux ....
5. Elle .... s'appelle .... Marie, ... appelle Marianne.
6. Est-ce que .... née .... Irlande ?
   — Non, je .... Canada.

Exercice 5 : Complétez selon le modèle.

Jacques : journaliste / pianiste.
(ÊTRE) *Est-ce que Jacques est journaliste ? Non, il n'est pas journaliste. Il est pianiste.*

          1. Maria-Isabel : étudiante / professeur.

(ÊTRE)   . . . . ? Non, ...

          2. Andrew : Glasgow / Edimbourg

(TRAVAILLER) . . . . ? Non, ...

          3. Carlos : Madrid / Barcelone.

(ÊTRE NÉ)   . . . . ? Non, ...

          4. Abdou : Abidjan / Dakar

(HABITER)   . . . . ? Non, ...

          5. Marilyn : concert / cinéma

(ALLER)   . . . . ? Non, ...

Exercice 6 : Continuez selon le modèle.

— *A 10 h 15 il est à l'école Sans Frontières.*
  Il dit : il est dix heures et quart.
— A 12 h 30 il est . . . .
  Il dit : il est . . . .
— A 16 h 45 il est . . . .
  Il dit : il est . . . .
— A 18 h il est . . . .
  Il dit : il est . . . .
— A 20 h 55 il est . . . .
  Il dit : il est . . . .

```
 8
 9
10  LS ECOLE SANS FRONTIÈRES.
11
12
13  30 COIFFEUR —
14
15
16  45 Dentiste.
17
18  Médecin.
19
20
21  55 OPÉRA.
```

VOCABULAIRE/VOCABULARY

le rendez-vous [rãdevu] appointment
oui [wi] yes
non [nõ] no
vous êtes [vuzɛt] you are
être [ɛtr] to be
libre *m/f* [libr] free
est-ce que vous êtes libre? [ɛskə...] are you free?
lundi/le lundi [lœdi] on Monday, on Mondays
pour [pur] for
l'interview *f* [lɛ̃tɛrvju] the interview
ne... pas [nə...pa] negation
je ne suis pas libre I am not free
je travaille [ʒatravaj] I work
travailler [travaje] to work
mardi/le mardi [mardi] on Tuesday, on Tuesdays
je vais à l'opéra [...vɛ...] I go/I am going to the opera

aller [ale] to go
mais [mɛ] but
de... à from... to
de 3 heures à 5 heures from three o'clock to five o'clock
vous pouvez [...puve] you can
pouvoir [puvwar] to be able to
venir [v(ə)nir] to come
vous pouvez venir à 3 heures? can you come at three o'clock?
d'accord [dakɔr] all right, O.K.
épeler [eple] to spell
merci beaucoup [...boku] thank you very much
l'après-midi *m/f* [laprɛmidi] afternoon

les jours *m pl* [ʒur] days
mercredi *m* [mɛrkrədi] Wednesday
jeudi *m* [ʒødi] Thursday
vendredi *m* [vãdrədi] Friday
samedi *m* [samdi] Saturday
dimanche *m* [dimãʃ] Sunday
le moment [mɔmã] time of day
le journée [ʒurne] during the day
le matin [matɛ̃] in the morning
le soir [swar] in the evening

l'activité *f* [laktivite] activity
déjeuner [deʒœne] to have lunch
dîner [dine] to have dinner
chez [ʃe] at/to
le docteur [dɔktœr] the doctor
le cinéma [sinema] the movies
la radio [radjo] the radio
l'aéroport *m* [laerɔpɔr] the airport
le restaurant [rɛstɔrã] the restaurant

UNITÉ 1, Leçon 4 _L'interview_

Exercice 1 : Continuez comme dans le modèle, en employant UN ou UNE :

vouloir : café / cigarette

— _Est-ce que vous voulez un café ?_

— _Non, je veux une cigarette._

1. travailler avec : Espagnol / Italienne
2. écouter : actrice / acteur
3. aller chez : coiffeur / coiffeuse
4. travailler avec : photographe / musicien
5. vouloir : infirmière / infirmier

Exercice 2 : Choisissez un verbe et transformez les phrases comme dans l'exemple. _add verb_

Il aime ALLER à la montagne.

regarder	écouter
déjeuner à, au	jouer
travailler à, au	aller à, au

1. Il aime la montagne.
2. Elle n'aime pas le restaurant.
3. J'aime la radio. _regarder_

4. Elle préfère la campagne. _déjeunera travaillera aller à_
5. Il déteste la télévision. _écouter travaillera_
6. J'adore le tennis. _au_

Exercice 3 : Continuez suivant le modèle :

Luc : le football / le tennis
→ _Luc n'aime pas le football. Il préfère le tennis._

1. Gérard : le disco / le rock
2. Catherine : le classique / le jazz
3. Charles : aller au concert / aller au cinéma

4. Geneviève : boire / manger
5. Claudia : lire / écouter la radio
6. Jean-Paul : aller à / la montagne / la mer

Exercice 4 : Mettez l'article LE ou LA (quand nécessaire) : _put le or la_

Il déteste	.... boire .. .. café .. .. travailler ..
Il adore	.... mer .. .. fumer .. .. sport ..

Elle aime	.... tennis .. .. voyager .. .. musique ..
Elle n'aime pas	.... football .. .. dormir .. .. manger ..

Exercice 5 : Terminez les phrases de A avec les mots de B. _combine_

Attention ! Plusieurs réponses sont possibles.

A	B
Est-ce que vous voulez	l'aéroport
Aimez-vous	une cigarette
Je suis	libre
Elle n'est pas	épeler
Il va à	journaliste
Pouvez-vous	lundi
Qu'est-ce que vous faites	le cinéma

Exercice 6 : Complétez A avec les mots de B.

fill in A with B

Attention ! Plusieurs réponses sont possibles.

A	B
Quel . . . . préfères-tu ?	heure
Quelle . . . . est-il ?	jour
Quel . . . . êtes-vous libre ?	hôtel
Quelle . . . . habitez-vous ?	restaurant
	sport
	rue

Exercice 7 : Posez les questions et notez les réponses comme dans les exemples.

aime un peu +	n'aime pas beaucoup −
beaucoup + +	pas du tout − −
adore + + +	déteste − − −

1 : *Regarder la télévision /*
— *Vous aimez regarder la télévision ?*
— *Elle adore la télévision.*

2 : *Jouer au tennis /*
— *Vous aimez jouer au tennis ?*
— *Il n'aime pas le tennis.*

1. Lire /
2. Aller au cinéma /
3. Écoutez la radio /
4. Fumer /
5. Faire du sport /
6. Travailler le soir /
7. Aller à l'Opéra /

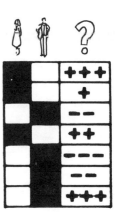

VOCABULAIRE/VOCABULARY

ici [isi] here
par ici [parisi] this way
vous voulez [vuvule]. . .? do you want, would you like?
vouloir [vulwar] to want
le café [kafe] coffee
volontiers [vɔlɔ̃tje] willingly, gladly
la cigarette [sigarɛt] cigarette
voulez-vous une cigarette? do you want a cigarette?
fumer [fyme] to smoke
commencer [kɔmãse] to begin
aimer [ɛme] to like
aimer le jazz [. . .dʒaz] to like jazz
bien sûr [bjɛ̃syr] of course
aussi [osi] also
beaucoup a lot
un peu [œ̃pø] a little

pas du tout [padytu] not at all
vous faites [. . .fɛt] you do. . .
le week-end [wikɛnd] weekend
qu'est-ce que vous faites le week-end? [kɛskəvufɛt. . .] what do you do on the weekend?
jouer [ʒwe] to play
le tennis [tenis] tennis
le football [futbol] soccer
jouer au tennis [. . .otenis] to play tennis
préférer [prefere] to prefer
lire [lir] to read
je préfère lire [. . .prefɛr. . .] I prefer to read
écouter la radio [ekute. . .] to listen to the radio
la musique [myzik] music
France Musique [frãsmyzik] France Musique (a French radio station)

10

le sentiment [sãtimã] feeling
adorer [adɔre] to adore
détester [detɛste] to detest
manger [mãʒe] to eat
boire [bwar] to drink
dormir [dɔrmir] to sleep

cher, -ère [ʃɛr] dear
le photographe [fɔtɔgraf] photographer
voyager [vwajaʒe] to travel
il adore voyager he loves to travel
parler [parle] to speak
parler anglais [ãglɛ] to speak English
espagnol [ɛspaɲɔl] Spanish
italien [italjɛ̃] Italian
le questionnaire [kɛstjɔnɛr] questionnaire
la date de naissance [. . .nɛsãs] date of birth
sortir [sɔrtir] to go out
le théâtre [teatr] theater

la télé(vision) [televizjõ] television
regarder la télé [rəgardelatele] to watch television
les vacances *f pl* [vakãs] vacation
la montagne [mõtaɲ] mountain
la mer [mɛr] sea
la campagne [kãpaɲ] country

la promenade [prɔmnad] stroll, walk
la visite [vizit] visit
le concert [kõsɛr] concert
la conférence [kõferãs] conference, lecture
l'exposition *f* [lɛksposisjõ] exhibition
le musée [myze] museum
le spectacle sportif [spɛktaklspɔrtif] sports show
le sport [spɔr] sport
pratiqué, -e practiced
la danse [dãs] dance
la réception [resepsjõ] reception

UNITÉ 1, Leçon 5 *La répétition*

Exercice 1 : Mettez au pluriel les mots soulignés :

1. Voulez-vous <u>une cigarette</u> ? *des*
2. Elle joue <u>une œuvre</u> de Chopin. *des*
3. <u>Un étudiant est</u> en retard. *des*

4. Je travaille avec <u>une journaliste</u>. *des*
5. <u>Un voisin vient</u> dîner. *des*
6. Voici <u>une fiche</u> d'inscription. *des*

Exercice 2 : Continuez selon le modèle.

femme / blonde
« — *Je vois une femme. Elle est blonde.* »
— *Elle voit une femme blonde !*

1. homme / jeune.
2. violoniste / brune.
3. agent de police / antipathique.
4. infirmière / souriante.

Exercice 3 : Faites des phrases comme dans le modèle (accordez les adjectifs).

une pianiste (brun)
   Il y a une pianiste brune dans l'orchestre ?
— *Oui, la pianiste est brune.*

1. une flutiste (petit)
2. des violonistes (jeune)
3. une harpiste (roux)

4. des trompettistes (vieux)
5. un violoncelliste (blond)
6. une guitariste (blond)

Exercice 4 : Complétez selon le modèle.

 1. *Il est infirmier.*
   2. *Elle est infirmière.*

 3. *Ils sont infirmiers.*
   4. *Elles sont infirmières.*

1. Il est musicien.
4. Elles ....

1. Il est coiffeur.
3. ....

2. Elle est concierge.
1. ....

3. Ils sont musiciens.
2. ....

2. ....
4. ....

3. ....
4. ....

Exercice 5 : Écrivez le verbe à la forme qui convient et ajoutez AU, À LA, À L', AUX **comme dans le modèle.**

   les musiciens / ALLER / répétitions.
→ *Les musiciens vont aux répétitions.*

1. Vous / VENIR / campagne ?   2. Ils ne / PARLER / voisins.   3. A midi, elle / ALLER / restaurant.
4. Il / ARRIVER / aéroport à 10 heures.   5. Je n' / AIMER / pas arriver en retard / opéra.

VOCABULAIRE/VOCABULARY

la répétition [repetisjɔ̃] rehearsal
l'orchestre *m* [lɔrkɛstr] orchestra
la salle [sal] hall
novembre *m* [nɔvɑ̃br] November
le programme [prɔgram] program
il y a [ilja] there is/are
l'œuvre *f* [lœvr] work
arriver [arive] to arrive
ils disent bonjour [ildizbɔ̃ʒur] they say hello
grand, -e [grɑ̃/-d] tall
brun, -e [brœ̃/bryn] dark (haired)
mince *m/f* [mɛs] thin
je vois [ʒ(ə)vwa] I see

voir [vwar] to see
souriant, -e [surjɑ̃/-t] smiling
sympathique *m/f* [sɛ̃patik] nice
voici [vwasi] here is
voilà [vwala] there is
jeune *m/f* [ʒœn] young
le/la violoniste [vjɔlɔnist] the violinist
être en retard [ɛtrɑ̃r(ə)tar] to be late
content, -e [kɔ̃tɑ̃/-t] glad
prêt, -e [prɛ/-t] ready
mesdames *pl* [medam] ladies
messieurs *pl* [mesjø] gentlemen
mesdemoiselles *pl* [medmwazɛl] young ladies

la description [dɛskripsjɔ̃] description
physique *m/f* [fizik] physical
psychologique *m/f* [psikɔlɔʒik] psychological
petit, -e [p(ə)ti/-t] little, small
vieux, vieille [vjø, vjɛj] old
gros, -se [gro/gros] fat
blond, -e [blɔ̃/-d] blond
roux, rousse [ru/rus] red-haired
gaie, -e [ge] cheerful
triste *m/f* [trist] sad
antipathique *m/f* [ɑ̃tipatik] disagreeable

mécontent, -e [mekɔ̃tɑ̃/-t] displeased
gentil, -le [ʒɑ̃ti/-tij] nice
méchant, -e [meʃɑ̃/-t] naughty, nasty, mean
l'instrument *m* [lɛ̃strymɑ̃] instrument
le piano [pjano] piano
la flûte [flyt] flute
le violoncelle [vjɔlɔ̃sɛl] cello
le violon [vjɔlɔ̃] violin
la trompette [trɔ̃pɛt] trumpet
la guitare [gitar] guitar
la harpe [la'arp] harp

octobre *m* October
la chorale choir
le récital recital

le caveau cave
juin *m* June
septembre *m* September

BILAN 1/REVIEW 1

B **le quartier latin** the Latin Quarter
le rendez-vous appointment
le chansonnier satirical songwriter
près de near
le marché market
un café parisien Parisian cafe
à la terrasse on the terrace
la bière beer

le jus de fruit(s) fruit juice
un «crème» coffee with milk
un «noir» black coffee
construit en 1874 built in 1874
le style style
la peinture painting
l'orchestre national *m* national orchestra
le début du siècle the beginning of the century

C **la place est libre?** [laplasɛlibr] is this seat free?
je peux m'asseoir? [ʒ(ə)pømaswar] may I sit down?

aimer bien manger [. . .bjɛ̃. . .] to like to eat
sud-africain, -e [sydafrikɛ̃/-ɛn] South African

SOMMAIRE DE L'UNITÉ
Unité 1 (leçons 1 à 5)

N° et titre des leçons	Objectifs de communication	Phonétique	Vocabulaire/thèmes	Grammaire
I-1 Jacques Martineau pianiste	*se présenter*	[a]	les noms de profession les nombres	adjectif masc./fém. verbes indic. présent (1re et 3e personne)
I-2 Bonjour, Monsieur Martineau	*saluer quelqu'un ou répondre à un salut* prendre congé se situer dans le temps (heure)	[wa]	le lieu (dans, devant) la rue l'heure, les salutations	le, la, l'/au, à la, à l' masculin/féminin des noms coordination (et)
I-3 Le rendez-vous	*contacter quelqu'un au téléphone* inviter à faire, suggérer de faire (se donner rendez-vous) demander un complément d'information (épeler son nom) se situer dans le temps (durée)	[i]	les jours les moments de la journée les activités de la journée le lieu (au, chez...)	verbes indicatif présent 1re, 2e et 3e personne négation (ne pas) interrogation (est-ce que?) verbe + verbe (à l'infinitif)
I-4 L'interview	*exprimer ses goûts, ses préférences* demander de faire (je peux) confirmer (bien sûr) offrir quelque chose à quelqu'un accepter (volontiers) refuser (non merci) décrire ses activités (les loisirs)	[u]	les sentiments (verbes) les activités (suite) les degrés lieux (de vacances)	les articles indéfinis (un, une) le nom complément d'objet direct l'interrogation (intonation, inversion) qu'est-ce que...? quel/quelle? conjugaison (faire vouloir - dormir)
I-5 La répétition	*caractériser quelqu'un (physiquement/ psychologiquement)* exprimer son mécontentement décrire un événement	liaisons (1)	description physique/ psychologique musique (instruments et musiciens)	verbes: indic. prés. 3e pers, singulier et pluriel le, la, les/un, une,des/ au, à la, aux adjectif qualificatif (genre et nombre, épithète et attribut) les présentatifs le complément de nom
Bilan 1	B) Images pour...(civilisation)	le quartier latin à Paris la musique	C) Aide-mémoire	les nombres l'alphabet le calendrier (mois, année)

UNIT SUMMARY
Unit 1 (lessons 1-5)

Number and title of lesson	Communication objectives	Phonetics	Vocabulary/themes	Grammar
I-1 Jacques Martineau pianist	*Introducing oneself*	[a]	The professions The numbers	Masculine and feminine adjectives Present indicative verbs (First and third persons)
I-2 Bonjour, Monsieur Martineau (Hello, Mr. Martineau)	*Greeting someone* *Responding to a greeting* Leaving or excusing oneself The time (hour)	[wa]	Place (in, in front of) The street The time Greetings	**le, la, l'/, au, à la, à l'** Masculine and feminine nouns and coordination with adjectives
I-3 Le rendez-vous (Making an appointment)	*Contacting someone by telephone* Inviting to do something Suggesting to do, making an appointment Asking for further information (to spell someone's name) Time duration	[i]	The days Parts of the day (morning, afternoon, evening) Activities of the day Place (at, to)	Present indicative verbs (First, second, third persons) Negation Interrogation Verb plus verb (in the infinitive)
I-4 L'interview (The interview)	*Expressing one's tastes and preferences* Asking to do (I can) something Confirming (of course) Offering something to somebody Accepting (gladly) Refusing (no, thank you) Describing one's activities (spare-time activities)	[u]	Feelings (verbs) Activities (continued) Degrees (a little, a lot) Holiday spots	Indefinite articles (**un, une**) Direct object Questions/interrogative (intonation, inversion) **Qu'est-ce que...?** Conjugation (to do, to want, to sleep)
I-5 La répétition (The rehearsal)	*Describing someone* (physically, psychologically) Expressing one's dissatisfaction Describing an event	Liaisons (1)	Physical and phychological description Music (instruments and musicians)	Present indicative verbs, third person singular and plural **le, la, les/, un, une, des/, au, à la, à l', aux** Qualifying adjectives (gender and number, attributive and predicate adjectives Presentation locutions Noun complement
Review 1	B) Pictures for... (civilization)	The Latin Quarter in Paris Music	C) Reminder	The numbers The alphabet The calendar (month, year)

UNITÉ 2, Leçon 1 _Vivre et travailler à Evry_

Exercice 1 : **Posez les questions avec** QU'EST-CE QUE C'EST ? **ou** QUI EST-CE ? **et répondez, comme dans le modèle.**

une machine
— Qu'est-ce que c'est ? — C'est une machine.

1. un musicien.
2. des musiciens.
3. la sonnerie de midi.

4. des secrétaires.
5. des lettres urgentes.

6. des étudiants.
7. le directeur technique.
8. des fichiers.

9. un classeur.
10. M. Arnaud.

Exercice 2 : Faites des phrases comme dans le modèle.

Mme Dupont : secrétaire / P.-D.G.
→ _Mme Dupont n'est pas secrétaire ; elle est P.-D.G._

1. Jacques Martineau : chef d'orchestre / pianiste.
2. M. Martens et Mme Delort : ingénieurs / secrétaires.
3. Vivienne Barillon : musicienne / journaliste.
4. Mme Delort et Mme Richaud : secrétaires de M. Henrion / secrétaires de M. Arnaud.

Exercice 3 : C'EST / CE N'EST PAS. **Faites des phrases comme dans le modèle.**

nouvelle machine / machine électrique.
→ _C'est une nouvelle machine mais ce n'est pas une machine électrique._

1. directeur / directeur des ventes. 2. fiche / fiche d'inscription. 3. musicien / musicien de jazz.
4. nouvelle secrétaire / secrétaire de direction. 5. acteur / acteur de cinéma.

Exercice 4 : Avec les mots de A, B et C, écrivez huit phrases suivant le modèle.

C'est une vieille maison

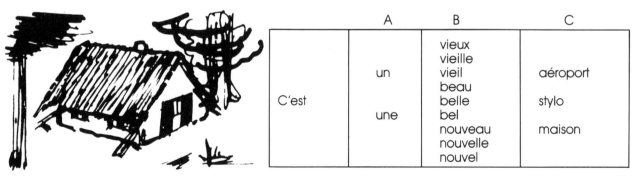

	A	B	C
C'est	un	vieux vieille vieil beau	aéroport
	une	belle bel nouveau nouvelle nouvel	stylo maison

Exercice 5 : Posez les questions qui donnent les réponses suivantes, comme dans le modèle.

Je suis M. Tardi / Qui êtes-vous ?

1. Le nouveau concierge ? C'est M. Lantier. . . . .
2. C'est un violon. . . . .
3. Non, ce ne sont pas des étudiants. . . . .

4. Nous sommes M. et Mme Fabre. . . . .
5. C'est Jacques Martineau, le pianiste. . . . .
6. Le chef ? C'est Joseph Lorentz. . . . .

Exercice 6 : Quelle question pose le personnage A ?

A

A

A

Exercice 7 : Répondez aux questions suivantes.

1. Qui est Mme Delort ?
2. Qui est Mme Richaud ?
3. Est-ce que Mme Delort est blonde ?
4. Le chef des ventes, qui est-ce ?

5. Quel bureau Mme Delort a-t-elle ?
6. Il y a un travail pour Mme Delort. Qu'est-ce que c'est ?
7. Qu'est-ce qu'il y a dans le tiroir ?
8. Est-ce que Mme Richaud déjeune au bureau ?

VOCABULAIRE/VOCABULARY

vivre [vivr] to live
Évry [evri] Evry
qui [ki] who
qui est-ce? [kiɛs] who is it?
c'est [se] it is
la dame [dam] lady
là-bas [laba] over there
nouveau, nouvel, nouvelle [nuvo, nuvɛl, nuvɛl] new
enchanté, -e [ɑ̃ʃɑ̃te] pleased to meet you
ensemble [ɑ̃sɑ̃bl] together
le bureau [byro] desk
la fenêtre [fənɛtr] window
le travail [travaj] work
urgent, -e [yrʒɑ̃/-t] urgent

ce sont [səsɔ̃] they are
la lettre [lɛtr] letter
le chef des ventes [ʃɛfdevɑ̃t] sales manager, head of sales
le papier [papje] paper
le carbone [karbɔn] carbon
le tiroir [tirwar] drawer
la machine (à écrire) [maʃin(aekrir)] typewriter
marcher [marʃe] to work (a machine)
le modèle [mɔdɛl] model
électrique *m/f* [elɛktrik] electric
la sonnerie [sɔnri] bell
derrière [dɛrjɛr] behind
la mairie [meri] town hall

le matériel [materjɛl] equipment
le siège [sjɛʒ] seat
la chaise [ʃɛz] chair
le fauteuil [fotœj] armchair
la lampe [lɑ̃p] desk lamp
le classeur [klasœr] file drawer
le fichier [fiʃje] card index
la corbeille à papier [kɔrbɛj...] wastepaper basket
le stylo [stilo] pen
le crayon [krɛjɔ̃] pencil
la règle [rɛgl] ruler
la gomme [gɔm] eraser
sous [su] under
sur [syr] on
à côté de [akotedə] beside

le repas [r(ə)pa] meal
le petit déjeuner [ptideʒœne] breakfast
le déjeuner [deʒœne] lunch
prendre le petit déjeuner [prɑ̃dr...] to have breakfast
le dîner [dine] dinner
le souper [supe] supper
l'animal *m* [lanimal] animal
le vélo [velo] bicycle
l'oiseau *m* [lwazo] bird
le fil électrique [fil...] electric wire
la girafe [ʒiraf] giraffe
le rhinocéros [rinoserɔs] rhinoceros
le sac [sak] sack (or bag)
le cochon [kɔʃɔ̃] pig

la présidence presidency
le P.D.G. (Président Directeur Général)
  chairman/Managing Director
la direction management
la direction générale et financière general and
  financial management
la direction technique technical management
la direction commerciale commercial
  management
la direction administrative administrative
  management
le projet project

la production production
le chef head
le chef des ventes sales manager, head of sales
le chef du personnel personnel manager, head of
  personnel
le chef de la comptabilité accounts manager,
  head of accounting
le secrétariat secretary's office
l'organigramme organization chart
la société company
le directeur/la directrice director

UNITÉ 2, Leçon 2 _Au restaurant_

**Exercice 1 : Qu'est-ce qu'il prend ? Répondez
en employant** DU, DE LA, DE L', DES.

Exercice 2 : Complétez les réponses du directeur.

	L'employé :	le directeur :
Je voudrais	un stylo.	Il n'y a pas . . . .
	un téléphone.	. . . .
	du papier.	. . . .
	une machine à écrire.	. . . .
	du carbone.	. . . .
	des crayons.	. . . .
	une secrétaire.	. . . .
	du travail !	. . . .

Exercice 3 : Répondez et complétez selon le modèle (+, − voir page 10).

Pierre, veux-tu . . . . frites ? (+)
Pierre, veux-tu des frites ? Oui, j'aime les frites.
Helmut, ... poulet ? (− − −) don't like at all
Helmut, veux-tu du poulet ? Non, je déteste le poulet.

1. Sarah, ... steak ? (−) don't like
2. Carlos, ... salade ? (+++)
3. Ahmed, ... yaourts ? (++)
4. Marilyn, ... crème caramel ? (−−)
5. Alex, ... fruits ? (++)

Exercice 4 : Complétez les bulles avec DU, DE LA, DES **et** LE, LA, LES.

Exercice 5 : Complétez en employant LE, LA, LES, L' / DU, DE LA, DES, DE L'.

1. Je voudrais . . . . café. Tu aimes . . . . café ?

2. Est-ce qu'il y a . . . . fruits ? Oui, ... fruits sont sur la table.

3. J'aime bien . . . . biscottes. Il n'y a pas . . . . biscottes.

4. J'adore . . . . thé ! Mais il n'y a pas . . . . thé ici.

5. Je voudrais . . . . papier. . . . . papier est dans le tiroir.

6. Il y a . . . . fromage ? Oui, ... fromage est là, dans le frigo.

7. Est-ce que tu veux . . . . thé ? . . . . thé est prêt ?

8. Je voudrais . . . . vin. . . . . vin est sur la table.

9. Est-ce qu'il y a . . . . bière ? Oui, ... bière est dans le frigo.

Exercice 6 : Répondez par vrai **ou** faux **et corrigez les erreurs.**

1. Mme Richaud et Mme Delort déjeunent au bureau.
2. Le restaurant est cher.
3. Aujourd'hui, le plat du jour c'est un steak-frites.
4. Mme Delort prend un plat du jour.
5. Avec le steak il y a du riz.
6. Mme Delort ne veut pas de vin.
7. Elles prennent une bouteille de bière.
8. Mme Delort est divorcée.
9. Elle habite seule à Évry.
10. Elle veut bien dîner chez les Richaud samedi.

VOCABULAIRE/VOCABULARY

la carte [kart] menu
le menu [m(ə)ny] fixed menu
aujourd'hui [oʒurdɥi] today
le plat [pla] dish
le plat du jour [pladyʒur] today's special
le garçon [garsɔ̃] waiter
cher, -ère [ʃɛr] expensive
le poulet [pulɛ] chicken
le riz [ri] rice
moi [mwa] me
pour moi for me
je voudrais [vudrɛ] I would like

le steak-frites [stɛkfrit] steak and French fries
bien [bjɛ̃] well
la boisson [bwasɔ̃] drink
comme boisson? [kɔmbwasɔ̃] what would you like to drink?
le vin [vɛ̃] wine
...pas de vin no wine
alors [alɔr] well then
l'eau f [lo] water
la carafe [karaf] carafe
le dessert [desɛr] dessert
le fruit [frɥi] fruit

les fruits *m pl* fruit
la glace [glas] ice cream
vous prenez? [. . .prəne] are you having. . .?
prendre [prɑ̃dr] to have
l'addition *f* [ladisjɔ̃] check
on se dit tu? [ɔ̃s(ə)dity] shall we call each other ''tu''?

marié, -e [marje] married
divorcé, -e [divɔrse] divorced
seul, -e [sœl] single
je veux bien [ʒ(ə)vøbjɛ̃] I'd like to
c'est sympa(thique) [. . .sɛ̃pa/-tik] that's nice

la biscotte [biskɔt] cracker
le croissant [krwasɑ̃] croissant
le pain [pɛ̃] bread
le beurre [bœr] butter
la confiture [kɔ̃fityr] jam
le thé [te] tea
le lait [lɛ] milk
le chocolat [ʃɔkɔla] chocolate
le hors-d'œuvre [lə'ɔrdœvr] hors-d'œuvre
l'entrée *f* [lɑ̃tre] first course

la viande [vjɑ̃d] meat
le poisson [pwasɔ̃] fish
les légumes *m pl* [legym] vegetables
le fromage [frɔmaʒ] cheese
la bière [bjɛr] beer
le veau [vo] veal
du veau some veal
l'état civil *m* [letasivil] civil status
célibataire *m/f* [selibatɛr] single
le veuf, la veuve [vœf, vœv] widower, widow

la famille family
le copain friend, pal
la tête head
en tête à tête in private
le menu minceur low-calorie menu
le thé au citron tea with lemon
la salade verte green salad
la pomme apple
le potage de légumes vegetable soup
le yaourt yogurt
la salade de tomates tomato salad
la charcuterie cold cuts
le lapin aux champignons rabbit with mushrooms
le bordeaux bordeaux (wine)
la salade niçoise a kind of mixed salad
le jambon cru cured ham

la tarte aux pommes apple pie
le beaujolais beaujolais (wine)
les huîtres *f pl* oysters
le steak au poivre steak with pepper
le gâteau au chocolat chocolate cake
les plats régionaux regional dishes
le cassoulet a sort of ham and beans with sausage
les haricots blancs *m pl* navy beans
la bouillabaisse bouillabaisse (fish soup)
les pommes de terre *f pl* potatoes
l'ail *m* garlic
les épices *f pl* spices
la fondue savoyarde fondue (from the region of Savoy)
le vin blanc white wine
la choucroute sauerkraut
le chou cabbage

UNITÉ 2, Leçon 3 *Chez le boucher*

Exercice 1 : Notez les syllabes (phonétiques) comme dans l'exemple :

bouche-rie   côte-lettes

samedi épicerie charcuterie droguerie boulangerie pâtisserie papeterie confiserie médecin

Exercice 2 : Rayez les lettres qui ne se prononcent pas :

PORC   TABAC   RIZ   PRIX

Exercice 3 : Écrivez le féminin des mots suivants :

un marchand	un veuf	un boucher . . . .
un acheteur	un buraliste	un directeur . . . .
un droguiste	un vendeur	un divorcé . . . .
un secrétaire	un pharmacien	

Exercice 4 : Écrivez les dialogues comme dans le modèle :

— *Combien pèse le rôti de porc ?*
— *Il pèse 1,2 kg.*
— *Combien coûte-t-il ?*
— *Il coûte 52 F.*

 1 Kg ; 4 Fr.

 1,8 Kg ; 45 Fr.

 1,2 Kg ; 52 Fr.

 900 gr. ; 48 Fr.

 2,1 Kg ; 80 Fr.

Exercice 5 : Répondez aux questions suivantes sur le texte.

1. Qui est devant la boucherie ?
2. Qu'est-ce que Mme Richaud veut acheter ?
3. Qui vient dîner chez les Richaud samedi ?
4. Que prend Mme Richaud pour le dîner de samedi ?
5. Est-ce que M. Richaud peut payer ?

VOCABULAIRE/VOCABULARY

le boucher [buʃe] butcher
la boucherie [buʃri] butcher's shop
à vous, Madame your turn, Madam
désirer [dezire] to desire, to want
vous désirez? [. . .dezire] what would you like?
coûter [kute] to cost
combien coûte. . .? [kɔ̃bjɛ̃kut] how much
   does. . .cost?
la côtelette d'agneau [kotlɛtdaɲo] lamb chop
acheter [aʃte] to buy
le rôti [roti] roast
bonne idée [bɔnide] good idea

ne. . .plus [nə. . .ply] not. . .any more
encore [ãkɔr] still
du porc [dypɔr] pork
la personne [persɔn] person
pour combien de personnes? for how many
   (persons)?
beau, bel, belle [bo, bɛl, bɛl] beautiful
peser [pəze] to weigh
et avec ça? [eavɛksa] anything else? and what
   else?
c'est tout [. . .tu] that's all

ça fait combien? [safɛ. . .] how much does that come to? how much is that?
payer [peje] to pay
chéri, -e [ʃeri] dear, darling, sweetheart

une seconde [səgɔ̃d] second
l'argent *m* [larʒã] money
faire un chèque [fɛrœ̃ʃɛk] to make out a check
ça [sa] that

le billet [bijɛ] banknote/note, bill
la monnaie [mɔnɛ] change
la pièce de monnaie [pjɛsdəmɔnɛ] coin
autre *m/f* [otr] other
le moyen de paiement [mwajɛ̃dpemã] means of payment
la carte de crédit [kartdəkredi] credit card
le magasin [magazɛ̃] shop, store
les commerces *m pl* [kɔmɛrs] shops
la boulangerie [bulãʒri] bakery
la charcuterie [ʃarkytri] delicatessen (and pork butcher's shop)
l'épicerie *f* [lepisri] grocery store
la crémerie [kremeri] dairy produce store, milk and cheese store
la pharmacie [farmasi] pharmacy
la droguerie [drɔgri] hardware store (also sells housecleaning products)
le bureau de tabac [byrodətaba] tobacco shop
la librairie [librɛri] bookstore
les commerçants, -tes [kɔmɛrsã/-t] shopkeepers
le/la boulanger/-ère [bulãʒe/-ɛr] baker
le/la charcutier/-ière [ʃarkytje/-ɛr] pork butcher
l'épicier/-ière [epsije/-ɛr] grocer
le/la crémier/-ière [kremje/-ɛr] dairyman/woman
le/la pharmacien/-ienne farmasjɛ̃/-jɛn] pharmacist
le/la droguiste [drɔgist] owner or keeper of a hardware store
le/la buraliste [byralist] owner or keeper of a tobacco shop
le/la libraire [librɛr] owner or keeper of a bookstore

l'article *m* [lartikl] article
la volaille [vɔlaj] poultry
la pâtisserie [patisri] pastry
la confiserie [kɔ̃fizri] candy store
la conserve [kɔ̃sɛrv] canned goods
l'alimentation générale *f* [lalimãtasjɔ̃ʒeneral] grocery store
l'oeuf *m*, **les oeufs** [lœf, lezø] egg, eggs
le produit laitier [prɔdɥiletje] dairy produce
le médicament [medikamã] medicine
le produit de beauté [prɔdɥidbote] beauty product
le produit d'entretien [. . .dãtrətjɛ̃] household product, housecleaning item
le tabac [taba] tobacco
le timbre [tɛ̃br] stamp
le fumeur [fymœr] smoker
la carte postale [kartpostal] postcard
le livre [livr] book
le journal, les journaux [ʒurnal, ʒurno] newspaper, newspapers
la papeterie [pap(e)tri] stationery store
vendre [vãdr] to sell
l'acheteur, euse [laʃ(ə)tœr/-tøz] buyer
le/la marchand/-e [marʃã/-d] shopkeeper
le/la vendeur/-euse [vãdœr/-øz] salesman, saleswoman
le/la client, -e [klijã/-ãt] customer
le poids [pwa] weight
le prix [pri] price

la carotte carrot
l'oignon *m* onion
le poireau leek
les haricots verts *m pl* green beans
la poire pear
l'orange *f* orange
l'huile *f* oil
le vinaigre vinegar
le sucre sugar
frais, fraîche fresh
rien que des viandes fraîches nothing but fresh meat
ni congelées ni surgelées neither frozen nor deep frozen
le prix de vente selling price, sale price
les prix de vente habituels retail prices
garanti(s) jusqu'au 20/12/8__ guaranteed until December 20, 198__

le faux-filet sirloin
la noix de veau cut of veal (from the thigh)
l'escalope *f* escalope
l'épaule *f* **d'agneau** lamb shoulder
la côte 1ʳᵉ prime rib
le saucisson (à l') **ail** garlic sausage
la pintade guinea-fowl
la tranche slice
les petits-pois *m pl* garden peas, sweet peas
les cœurs de palmier *m pl* palm hearts
les cœurs d'artichauts *m pl* artichoke hearts
les fonds d'artichauts *m pl* artichoke bottoms
les champignons de Paris *m pl* Paris mushrooms
les flageolets *m pl* white or baked beans, kidney beans
les asperges *f pl* asparagus
les olives vertes *f pl* green olives
le saumon salmon

le crabe crab
les miettes *f pl* shredded crab
les crevettes *f pl* shrimp
les coquilles *f pl* **St. Jacques** scallops
le foie de morue cod liver
le délice de foie de volaille chicken liver
le parfait de foie liver parfait
les cacahuètes *f pl* peanuts
la saucisse sausage
extra fin extra fine
le lot lot
200 g net égoutté 200 grams net drained
au choix your choice

le bocal glass container
la boîte tin can
le sachet sachet, packet, bag
la coquille vide empty shell
le rouleau roll
la bouteille bottle
le paquet package
appellation contrôlée (AC) quality wine
vin délimité de qualité supérieure (VDQS)
    guaranteed of superior quality
dénoyauté, -e pitted
décortiqué, -e shelled

Exercice 1 : Qu'est-ce qu'il faut faire ? Écrivez comme dans l'exemple :

Il faut ranger la chambre.

. . . .

. . . .

Exercice 2 : Qu'est-ce qu'il n'a plus... qu'est-ce qu'elle n'a plus... Notez les différences entre A et B.

Le gros monsieur n'a plus . . . .

La dame brune n'a plus . . . .

Exercice 3 : Posez la question (A qui est...? A qui sont...?) et répondez comme dans l'exemple.

A qui est la cravate ?
— Cette cravate ? Elle est à son père !

Continuez avec le chapeau, la robe, les chaussures, le violon et le sac à main.

Exercice 4 : Répondez comme dans l'exemple :

La nouvelle secrétaire, c'est vous ? Oui, c'est moi.

1. Il est avec sa sœur ? Oui, ...

2. A qui est ce blouson ? A Gilles ? Oui, ...

3. Tu viens avec moi ? Oui, ...

4. Didier, tu manges avec Isabelle ? Oui, ...

5. Est-ce que Gilles travaille avec toi ? Oui, ...

6. Sophie habite chez sa grand-mère ? Oui, . . .

Exercice 5 : Complétez les phrases.

1. . . . . Didier . . . . ? — Oui, il est chez moi.

2. . . . . Paul . . . . sa sœur ? Oui, il joue avec . . . .

3. . . . . habite chez sa mère ? — Non, elle . . . .

4. Est-ce que tu parles à Jérôme ? — Non, je . . . .

5. Vous venez chez moi ? — D'accord, on vient . . . .

Exercice 6 : (Phonétique)

Relevez les liaisons dans le texte et notez-les comme dans l'exemple :

1. Il faut ranger ces affaires.

2. . . . .   3. . . . .

4. . . . .   5. 6. et 7. . . . .

8. . . . .   9. et 10. . . . .

11. . . . .   12. . . . .

13. . . . .   14. . . . .

Exercice 7 : Répondez vrai ou faux et corrigez les erreurs.

1. Didier est dans sa chambre.
2. Il y a du travail pour Didier dans le salon.
3. Ce soir, les Richaud dînent chez des amis.
4. La directrice de Mme Richaud vient dîner ce soir.
5. Le pull est à la sœur de Didier.
6. L'appareil photo est à Didier.
7. Didier a un blouson de cuir.
8. M. Richaud fume des cigarettes brunes.
9. Didier a des cigarettes et des allumettes dans son blouson.

VOCABULAIRE/VOCABULARY

le salon [salɔ̃] living room
la mère [mɛr] mother
le fils [fis] son
il faut [fo] it's necessary, you must
ranger [rɑ̃ʒe] to put away
ces affaires *f pl* [. . .sezafɛr] these things
il faut ranger les affaires these things have to be
    put away
attendre [atɑ̃dr] to wait for
l'invité, -e [lɛ̃vite] guest
ce soir [səswar] tonight
le/la collègue [kɔlɛg] colleague
à qui est. . .? [akiɛ] to whom does this belong?
le pull(over) [pylɔvɛr] pullover

ta sœur *f* [sœr] your sister
l'ami, -e [lami] friend
l'appareil *m* [laparɛj] apparatus
cet appareil photo this camera
mon copain/ma copine [kɔpɛ̃, kɔpin] my pal, my
    girlfriend
le blouson [bluzɔ̃] jacket
le cuir [kɥir] leather
le père [pɛr] father
les blondes *f pl* [blɔ̃d] English or American
    cigarettes
l'allumette *f* [lalymet] match
la poche [pɔʃ] pocket

le vêtement [vɛt(ə)mɑ̃] clothing, clothes
le jean [dʒin] jeans
le débardeur [debardœr] tank top
la chemise [ʃ(ə)miz] shirt
le chemisier [ʃ(ə)mizje] blouse
la jupe [ʒyp] skirt
le gilet [ʒilɛ] waistcoat
le pantalon [pɑ̃talɔ̃] pants
le chandail [ʃɑ̃daj] sweater
la robe [rɔb] dress
la veste [vɛst] jacket
le manteau [mɑ̃to] coat
l'imperméable *m* [lɛ̃pɛrmeabl] raincoat
le bas [bɑ] stocking
la chausette [ʃosɛt] sock
la soutien-gorge [sutjɛ̃gɔrʒ] bra
le collant [kɔlɑ̃] tights
les souliers *m pl* [sulje] shoes

les chaussures *f pl* [ʃosyr] shoes
les bottes *f pl* [bɔt] boots
l'écharpe *f* [leʃarp] scarf
les matériaux *m pl* [materjo] materials
la laine [lɛn] wool
le coton [kɔtɔ̃] cotton
le bois [bwa] wood
le verre [vɛr] glass
le fer [fɛr] iron
la pierre [pjɛr] stone
les parents *m pl* [parɑ̃] parents
le mari [mari] husband
les enfants *m pl* [lezɑ̃fɑ̃] children
le frère [frɛr] brother
la fille [fij] daughter, girl
appartenir à [apartənira] to belong to
le pull appartient à Brigitte [. . .apartjɛ̃. . .] the
    pullover belongs to Brigitte

j'apprends le français I am learning French
la plage beach
l'hôtel *m* hotel

embrasser to kiss
je t'embrasse Love from. . .(ending for letters)

Exercice 1 : Continuez selon le modèle en employant son, sa, ses, leur **ou** leurs... (copain, copine...).

Elle est avec son copain.

Ils sont avec leur copine.

1. . . . .

2. . . . .

3. . . . .

4. . . . .

5. . . . .

6. . . . .

7. . . . .

8. . . . .

Exercice 2 : Posez la question, comme dans le modèle.

J'ai rendez-vous chez mon dentiste. Et vous, est-ce que vous avez rendez-vous chez votre dentiste ?

1. Je déjeune chez mes amis. Et vous ? . . . .

2. Nos enfants travaillent dans leur chambre. Et vos enfants ? . . . .

3. J'habite chez mes parents. Et elles ? . . . .

4. Elles déjeunent avec leurs collègues. Et nous ? . . . .

5. Ils commencent leur répétition. Et nous ? . . . .

6. J'adore mon travail. Et vous ? . . . .

Exercice 3 : Faites une phrase comme dans l'exemple :

C'est vrai !
Ce stylo est à lui, pas à elle.

. . . .

. . . .

. . . .

Exercice 4 : (Phonétique)

a) Classez les mots suivants en fonction de la prononciation de la lettre O ([o] ou [ɔ]) :

Delort, abricot, moderne, collègue, vos, Sophie, orange, pomme, gros.

prononciation [o] : . . . .

prononciation [ɔ] : . . . .

b) Relevez les liaisons du texte et notez-les comme dans l'exemple :

1.	2. et 3. *C'est une ville agréable.*
4. et 5	6. . . . .
7.	8. . . . .

Exercice 5 : Répondez vrai ou faux ? et corrigez les erreurs.

1. Mme Delort s'appelle Sophie.
2. Sophie n'aime pas Évry.
3. Évry est une ville très moderne.
4. Mme Delort est mécontente de son travail.
5. Mme Delort n'a pas d'enfants.
6. Son fils vit chez elle.
7. Les enfants des Delort ne sont pas dans le salon.
8. A l'apéritif, on peut boire de l'alcool et des jus de fruit.
9. Il y a beaucoup de jus de fruit chez les Richaud.
10. M. Richaud est représentant en jus de fruit !

VOCABULAIRE/VOCABULARY

appeler [aple] to call
vous pouvez m'appeler Sophie [sɔfi] you can call
    me Sophie
agréable *m/f* [agreabl] pleasant
l'architecture *f* [larʃitɛktyr] architecture
moderne *m/f* [mɔdɛrn] modern
ça marche [samarʃ] it's working out fine
la chambre [ʃãbr] bedroom
les devoirs *m pl* [dəvwar] homework
le jus [ʒy] juice
le jus d'orange [ʒydɔrãʒ] orange juice
le jus de raisin [ʒyd(ə)rɛzɛ̃] grape juice

le jus d'abricot [ʒydabriko] apricot juice
le jus de pomme [ʒydpɔm] apple juice
la bouteille [butɛj] bottle
vide *m/f* [vid] empty
la vie [vi] life
qu'est-ce que vous faites dans la vie? what do
    you do for a living?
le représentant [rəprezatã] sales representative,
    salesman
le jus de fruits [ʒydfrɥi] fruit juice
comprendre [kɔ̃prãdr] to understand

la famille [famij] family
les grands-parents *m pl* [grãparã] grandparents
la grand-mère [grãmɛr] grandmother
le grand-père [grãpɛr] grandfather
la belle-mère [bɛlmɛr] mother-in-law
le beau-père [bopɛr] father-in-law
les petits-enfants *m pl* [ptizãfã] grandchildren
l'oncle *m* [lɔ̃kl] uncle
la tante [tãt] aunt

le cousin [kuzɛ̃] cousin
la cousine [kuzin] cousin
le beau-frère [bofrɛr] brother-in-law
la belle-sœur [bɛlsœr] sister-in-law
l'alcool *m* [lalkɔl] alcohol
le digestif [diʒɛstif] liqueur
l'eau minérale *f* [lomineral] mineral water
l'eau plate *f* [loplat] uncarbonated water
l'eau gazeuse *f* [logazøz] carbonated water

**la fiche familiale d'état civil et de nationalité
    française** French nationality and family civil
    status form
marié le...à... married on the... at...
âge age
le conjoint spouse
le malade imaginaire the hypochondriac
second, -e second

l'amant, -e lover
l'apothicaire *m* apothecary
le notaire notary public
la servante servant
la scène est à Paris the scene takes place in Paris
la petite-fille [...fij] little girl
«petite fille» signifie ici «fillette» ''petite fille''
    here means ''little girl''

BILAN 2/REVIEW 2

B **au sud de Paris** south of Paris
le département department (political and
    geographic area)
être prévu, -e pour to be planned for
l'habitant *m* inhabitant
la préfecture prefecture (main administration
    center of a department)
autour de la préfecture around the prefecture
le centre commercial shopping center
l'ensemble culturel *m* cultural center
la piscine swimming pool
la bibliothèque library
la patinoire ice skating rink, ice rink
original, -e novel, innovative
le jardin garden
une école ouverte sur le jardin a school that
    opens on to the garden

les transports rapides *m pl* fast train service
la piste cyclable bicycle path
l'urbaniste *m* city planner
l'art de vivre *m* life style, way of living
réunir to bring together
le logement housing
les équipements sociaux *m pl* social welfare
    facilities
l'administration *f* administration
le centre de loisirs sports and crafts center
nombreuses constructions groupées
    conglomeration
en banlieue in the suburbs
la limite boundary
le centre urbain town center

C **la menthe** [mɑ̃t] mint
essayer [esεje] to try
se retrouver [sǝrǝtruvе] to meet

le club [klœb] club
faire du ski [fεrdyski] to go skiing
Air France [εrfrɑ̃s] Air France

D **l'unité de mesure** unit of measurement
la livre pound
la tonne ton
le centimètre centimeter
le mètre meter
le kilomètre kilometer
la seconde second

la minute minute
les couleurs colors
**gris, blanc, bleu, vert, jaune, violet/mauve, noir,
orange, rouge, rose, brun/marron** gray, white,
blue, green, yellow, purple/mauve, black,
orange, red, pink, brown

SOMMAIRE DE L'UNITÉ
Unité 2 (leçons 6 à 10)

N° et titre des leçons	Objectifs de communication	Phonétique	Vocabulaire/thèmes	Grammaire
II-1 Vivre et travailler à Évry	*demander l'identité* (d'une personne) *identifier* (une personne, un objet) situer dans l'espace une personne (là-bas), une activité (je déjeune dans… près de…) un objet inviter à (vous voulez venir?)	opposition [o] / [ɔ]	le matériel de bureau le lieu (derrière, sur, sous, à côté de…) les repas	interrogation (Qu'est-ce que c'est? Qui est-ce? Est-ce que c'est? C'est, ce sont…) pronoms interrogatifs: Qui? Que? féminin des adjectifs (exceptions: beau, bel, belle)
II-2 Au restaurante	*demander/proposer un produit* *accepter/refuser* inviter et répondre à un invitation se présenter («socialement»)	opposition [i] / [e]	les repas, la nourriture les boissons état civil	partitif: du, de la, des on = nous pronom personnel complément indirect conjugaison (prendre - vivre)
II-3 Chez le boucher	*demander un produit et des informations sur un produit* (type de produit, prix, poids) demander/suggérer de faire (aller avec, acheter, payer…) accepter/refuser de faire (oui, bonne idée, d'accord, une seconde)	opposition [e] / [ɛ]	l'argent, les moyens de paiement noms de commerces, commerçants et articles l'achat et la vente	encore, ne plus à, au, chez interrogation: combien? (prix/poids) conjugaison (vendre, acheter, payer)
II-4 Il faut ranger le salon	*exprimer la possession, l'appartenance* exprimer l'obligation (il faut…) présenter (la famille, les relations)	liaisons (2)	les vêtements les matériaux la famille sens de «être»	adjectifs démonstratifs possessifs pronoms personnels compléments ind. interrogation sur l'appartenance (A qui?) l'obligation: (il faut)
II-5 l'apéritif	*présenter sa famille* *interroger autrui sur sa famille, ses activités, ses goûts* demander une opinion sur quelqu'un/sur quelque chose apprécier/exprimer sa satisfaction	[ã]	la famille les boissons sens de «faire» et «marcher»	possessifs (pluriels) pronoms compléments d'objet indirect pluriels conjugaison: «comprendre»
Bilan 2	B) Images pour…(civilisation)	la ville nouvelle d'Évry l'architecture des villes nouvelles	C) Aide-mémoire	orthographe: les pluriels en X unités de mesure (poids, longueur, volume, temps)

UNIT SUMMARY
Unit 2 (lessons 6-10)

Number and title of lesson	Communication objectives	Phonetics	Vocabulary/themes	Grammar
II-1 *Vivre et travailler à Evry* (Living and working in Evry)	*Identifying a person* *Identifying (an object)* Locating in space: a person (over there); an activity (I have lunch in, near) an object *Inviting people (II)*	Opposition [o] / [ɔ]	Office equipment Position (behind, on, under, beside) Meals	Interrogative (What is it? Who is it? It's, they are) Interrogative pronouns Who? What? Feminine form of adjectives (exceptions: **beau, bel, belle**)
II-2 *Au restaurant* (At the restaurant)	*Asking for/offering a product or a service* *Accepting/Refusing* Inviting and responding to an invitation Introducing oneself	Opposition [i] / [e]	The meals, food Drinks Civil status	Partitive: **du, de la, des** **On = nous** (we) Personal pronoun, indirect object Conjugation (to take, to live)
II-3 *Chez le boucher* (At the butcher's)	*Asking for a product and for information about a product* (type of product, price, weight) Asking or suggesting to do something (to go with, to buy, to pay...) Accepting or refusing to do something (yes, good idea, O.K.)	Opposition [e] / [ɛ]	Money, means of payment Names of shops, shopkeepers, and articles Buying and selling	Still, no longer At = **à, au, chez** Interrogation: How much? (price, weight) Conjugation (to sell, to buy, to pay
II-4 *Il faut ranger le salon* (We have to tidy up the living room)	*Expressing possession, ownership* Expressing obligation (it is necessary...) Introducing (the family, acquaintances)	Liaisons (2)	Clothing Materials The family Meaning of «être» (to be)	Demonstrative adjectives Possessive adjectives Personal pronouns, indirect objects Interrogation about possession (**à qui?**) Obligation (**il faut**)
II-5 *L'apéritif* (The cocktail)	*Introducing one's family* *Asking someone else about his family, his activities, his tastes* Asking an opinion about someone or something Appreciating	[ã]	The family Drinks Meanings of «faire» (to do), «marcher» (to walk, to work)	Plural possessives Plural pronouns, indirect objects Conjugation (to understand)
Review 2	B) Pictures for... (civilization)	the new town of Evry modern architecture	C) Reminder	spelling: plurals with ''x'' units of measurement

Exercice 1 : Remplacez les noms par des pronoms comme dans l'exemple.

Ex : *Anne demande un renseignement à la fermière.*
Elle lui demande un renseignement.

Attention

Elle 1	demande un renseignement 2	à la fermière. 3

Elle 1	lui 3	demande un renseignement. 2

1	2	3
Marie	écrit une lettre	à ses parents.
Paul et Françoise	parlent	à Jacques et à moi.
Je	parle	à Jacques et à toi.
Jacques	achète des gâteaux	à ses enfants.
Roger	apprend l'anglais	à son mari.

1	3	2
Elle	. . . .	. . . .
. . . .	. . . .	. . . .

Exercice 2 : Continuez suivant le modèle :

— *Il demande du papier carbone.*
— *A qui ? A toi ?*
— *Oui, il me demande du papier carbone.*

1. — Je veux dire merci.
— A qui ? A moi ?

— Oui, ...

2. — La dame demande le programme.
— A qui ? A toi ?

— Oui, ...

3. — Il dit de faire attention à l'appareil photo.
— A qui ? A sa femme ?

— Oui, ...

4. — Ils ne veulent pas parler.
— A qui ? A Pierre ?

— Oui, ...

5. — Elle demande de ranger le salon.
— A qui ? Aux enfants ?

— Oui, ...

6. — Il veut vendre sa machine à écrire.
— A qui ? A nous ?

— Oui, ...

7. — Il écrit une lettre.
— A qui ? A ses amies ?

— Oui, ...

Exercice 3 : Répondez comme dans l'exemple :

Je vais au cinéma ! Et elle ? — Elle, elle va au théâtre !

1. Elle fume des américaines. Et lui ? (des anglaises) — . . . .

2. Il a vingt-deux ans. Et elle ? (vingt-cinq) — . . . .

3. Nous habitons New York. Et vous ? (Mexico) — . . . .

4. Je parle anglais et allemand. Et toi ? (anglais et russe) — . . . .

5. Elle est libre à 5 h. Et eux ? (6 h et demie) — . . . .

6. Il range le salon. Et moi ? (la chambre) — . . . .

7. Nous nous arrêtons ici. Et vous ? (là-bas) — . . . .

8. Nous campons dans un champ. Et elles ? (dans un camping) — . . . .

Exercice 4 : Complétez.

1. — ..... est-ce qu'on .... acheter du pain ? — Il y a .... à 500 m.

2. — .... est-ce que .... venez ? — Nous .... de Lausanne.

3. — .... est-ce que ....? — .... allons en Espagne.

4. — .... il y a un terrain de camping ici ? — Oui, le .... 3 km.

5. — .... viennent-ils ? — .... Irlande.

6. — .... on s'arrête ? — Ici. C'est bien, cet endroit.

Exercice 5 : (Phonétique)

Relevez les mots du texte (15 mots) qui ont le son [ɑ̃].

Comment s'écrit le son [ɑ̃] dans ces mots ?

1 .... 2 .... 3 .... 4 ....

Exercice 6 : En français, les mots terminés par E sont en général féminins. Mais il y a de nombreuses exceptions. Classez ces mots suivant leur genre :

carbone, siège, crème, seconde, mère, imperméable, téléphone, beurre, fromage, timbre, sucre, frère, bouteille, veste, tente, tante, arbre, kilomètre, confiture, père, verre, légume, article, corbeille, chèque, bière, livre, chambre, entrée, épicerie.

Exercice 7 : Répondez aux questions suivantes sur le texte :

1. Pourquoi est-ce que les campeurs s'arrêtent ?
2. A qui est-ce qu'ils demandent l'autorisation de camper ?
3. Où est-ce qu'il y a un terrain de camping ?
4. Est-ce que le terrain de camping est loin ?
5. Est-ce que les campeurs sont français ?
6. D'où viennent-ils ?
7. Est-ce que le fermier leur permet de camper chez lui ?
8. Où est-ce qu'ils peuvent monter leur tente ?
9. A quoi est-ce que le fermier leur demande de faire attention ?

VOCABULAIRE/VOCABULARY

s'arrêter [sarete] to stop
l'endroit *m* [lɑ̃drwa] spot
fou, folle [fu, fɔl] crazy
camper [kɑ̃pe] to camp
le champ [ləʃɑ̃] field
près de [prɛdə] near
la ferme [lafɛrm] farm
c'est défendu [sɛdefɑ̃dy] it's forbidden
pardon [pardɔ̃] excuse me, pardon me
le reseignement [rɑ̃sɛɲəmɑ̃] information
demander un reseignement to ask for information
le/la fermier, -ière [fɛrmje/-jɛr] farmer, farmer's wife
le terrain [tɛrɛ̃] ground
le terrain de camping [...kɑ̃piŋ] campground

loin [lwɛ̃] far
c'est à 10 km [sɛta...] it's 10 kilometers away
visiter [vizite] to visit
la région [reʒjɔ̃] region
rester [rɛste] to stay
l'autorisation *f* [lɔtɔrizasjɔ̃] permission
la tente [latɑ̃t] tent
monter la tente [mɔ̃te] to pitch the tent
l'arbre *m* [larbr] tree
excusez-nous [ekskyzenu] excuse us
le feu [ləfø] fire
faire du feu make a fire
faire attention [atɑ̃sjɔ̃] to pay attention, to mind
l'artichaut *m* [lartiʃo] artichoke
laisser [lese] to leave
à tout à l'heure [atutalœr] see you soon

le camping [kɑ̃piŋ] camping
la caravane [karavan] trailer
le sac à dos [sakado] backpack
le matelas pneumatique [matlapnømatik] inflatable mattress
le sac de couchage [sakdəkuʃaʒ] sleeping bag
la chaise pliante [ʃɛzplijɑ̃t] folding chair
le camping-gaz [kɑ̃piŋgaz] camping stove
la glacière [glasjɛr] ice box, ice chest
la lampe de poche [lɑ̃pdəpɔʃ] flashlight
autoriser [ɔtɔrize] to authorize
c'est autorisé [sɛtɔtɔrize] it is allowed
il est autorisé de... -ing is allowed
permettre [pɛrmɛtr] permission
c'est permis [...pɛrmi] it is permitted
il est permis de... -ing is permitted

la permission [lapɛrmisjɔ̃] to permit
défendre [defɑ̃dr] to forbid
c'est défendu [...defɑ̃dy] it is forbidden
il est défendu [...defɑ̃dy] -ing is forbidden
défense de fumer [defɑ̃s...] no smoking, smoking prohibited
refuser [rəfyze] to refuse
le droit de... [lədrwadə] the right to...
interdire [ɛ̃tɛrdir] to forbid
l'interdiction f [lɛ̃tɛrdiksjɔ̃] prohibition
la formule de politesse [laformyldəpolitɛs] polite form
remercier [rəmɛrsie] to thank
s'excuser [sɛkskyze] to apologize
parler [parle] to speak

le règlement regulations
le règlement du camping campground regulations
faire du bruit to make noise
il est interdit de faire du bruit après 10 heures No noise after 10 p.m.
jeter les ordures dans la poubelle Please throw all garbage in the wastebasket.
prière de jeter les ordures dans la poubelle No litter
laver to wash
laver la vaisselle to wash the dishes
le lavabo washbasin
le transistor radio

gêner to bother
les transistors ne doivent pas gêner vos voisins radios must not bother your neighbors
le chien dog
laisser promener librement without a leash, freely
le barbecue barbecue
la tenue correcte proper dress
nous vous demandons d'avoir une tenue correcte campers are requested to dress properly
rouler en voiture to drive
mettre [mɛtr] to put, to park
la voiture [vwatyr] car

UNITÉ 3, Leçon 2 *Suivez le guide!*

Exercice 1 : Répondez en employant des impératifs, comme dans l'exemple.

Monsieur, est-ce qu'on peut camper sous les arbres?
— Oui, campez sous les arbres!

1. Chérie, on prend un apéritif? — Oui, ...
2. Qu'est-ce que je fais? Du café? — Oui, ...
3. A quelle heure est-ce qu'on déjeune? A midi? — Oui, ...
4. Papa, je t'attends ici? — Oui, ...
5. On vient chez vous à 9 h? — Oui, ...
6. Les enfants, on va à la plage? — Oui, ...
7. Anne, je viens avec vous? — Oui, ...
8. Qu'est-ce que je peux manger? Un fruit? — Oui, ...

Exercice 2 : Complétez avec à, au, en, chez, dans, devant **et continuez comme dans l'exemple :**

Il va... Opéra? Il va à l'Opéra? Oui, il y va!

1. Il va ...... sa grand-mère? — Oui, ...
2. Elle habite ...... Paris? — Oui, ...
3. Il est né ...... France? — Oui, ...
4. Vous déjeunez .... restaurant? — Oui, ...
5. Ils campent ..... le champ du voisin? — Oui, ...
6. Tu t'arrêtes ...... la maison? — Oui, ...
7. Ils vont ...... la répétition? — Oui, ...

Exercice 3 : Répondez comme dans l'exemple :

Vous jouez de la flûte? — Oui, j'en joue.

1. Il lit des livres? — Oui, ...
2. Elle prend du whisky? — Oui, ...
3. Tu attends des nouvelles? — Oui, ...
4. Il mange de la salade? — Oui, ...
5. Vous faites du café? — Oui, ...
6. Il a besoin du cric? — Oui, ...
7. Il vend des chaussures? — Oui, ...
8. J'oublie des noms? — Oui, ...
9. Tu as besoin des allumettes? — Oui, ...
10. Vous voulez du papier? — Oui, ...

Exercice 4 : Employez l'impératif comme dans l'exemple :

Il a besoin de pain. Il dit à son fils d'aller à la boulangerie : « Va à la boulangerie. »

1. Ils veulent déjeuner ensemble. Elle dit à son mari d'aller au restaurant : « .... »
2. Luc veut changer la roue avec Alain. Il lui dit : « .... »
3. Alain est en voiture avec ses amis. Il leur dit de s'arrêter ici : « .... »
4. M. Richaud va faire les courses. Sa femme lui dit de prendre des tomates : « .... »
5. Il faut gonfler les matelas. Alain dit aux filles : « .... »
6. Il y a une fête. Luc veut y aller avec ses amis. Il leur dit : « .... »

Exercice 5 : Notez les phrases dans lesquelles EN et Y indiquent un lieu :

Elle y habite. Non, je n'en mange pas. J'y pense. Ils en viennent. Oui, et j'en joue.
Nous y déjeunons le lundi. Je n'y travaille plus.

Ensuite, avec les phrases où EN et Y ne sont pas des lieux, répondez aux questions :

1. Et tes vacances ?   2. Vous avez un piano ?   3. Tu veux du poisson ?

Exercice 6 : Répondez par un impératif et en employant EN et Y, comme dans le modèle :

Je peux aller au cinéma ? — Oui, vas-y.
*   — Non, n'y va pas.*

1. On prend du whisky ? — Oui, ...
. . . . — Non, ...

2. Papa, on peut faire du feu ? — Oui, ...
. . . . — Non, ...

3. Luc, j'achète du pain ? — Oui, ...
. . . . — Non, ...

4. Chérie, on prend des coquillages ? — Oui, . . .
. . . . — Non, . . .

5. On va à la plage ? — Oui, ...
. . . . — Non, ...

Exercice 7 : (Phonétique).

a) Relevez les liaisons du texte (il y en a 9) et notez-les comme dans l'exemple :

1. *la roue arrière est à plat*
2. . . . . 3. . . . .
4. . . . . 5. . . . .
6. . . . . 7. . . . .
8. . . . . 9. . . . .

b) Rayez les lettres qui ne se prononcent pas.

ZUT   OUF   PRENDS   A PLAT   MATELAS   CRIC   D'ACCORD   MORLAIX   ROSCOFF

Exercice 8 : Répondez aux questions suivantes sur le texte.

1. Pourquoi est-ce qu'Alain change la roue ?
2. Que fait Marie-Claude ?
3. Que fait Luc ?
4. Est-ce qu'il reste des cigarettes ? De la bière ?
5. Est-ce qu'Alain arrive à desserrer la roue ?
6. Pourquoi est-ce que les filles vont à St-Pol ?
7. Avec qui vont-elles à St-Pol ?
8. Pourquoi elles n'y vont pas avec leur voiture ?
9. Que conseille la fermière aux campeurs ?
10. Qu'est-ce qu'il y a ce soir à Roscoff ?

VOCABULAIRE/VOCABULARY

suivre [sɥivr] to follow
le guide [gid] guide
la roue [ru] wheel
la roue arrière [. . .arjer] back wheel
être à plat [ɛtrapla] to be flat
le coffre [kɔfr] trunk, chest
gonfler [gɔ̃fle] to inflate
changer la roue [ʃɑ̃ʒe] to change the wheel
sortir [sɔrtir] to get out
le cric [krik] jack

la manivelle [manivɛl] crank
oublier [ublije] to forget
la main [mɛ̃] hand
le frein [frɛ̃] brake
le frein à main [frɛ̃amɛ̃] handbrake
arriver à faire quelque chose to succeed in doing
    something
desserrer [desɛre] to untighten
j'arrive à desserrer la roue I've managed to
    untighten the wheel

39

ça y est [sajɛ] there we are
le supermarché [sypɛrmarʃe] supermarket
avoir besoin de quelque chose [. . .bəzwɛ̃] to
    need something
il nous faut [ilnufo] we need
penser á quelque chose [pãse. . .] to think about
    something

la plage [plaʒ] beach
puis [pɥi] then
voir [vwar] to see
la fête [fɛt] festival
conseiller [kɔ̃seje] to advise
l'altitude *f* [laltityd] altitude

le conseil [kɔ̃sɛj] advice
la visite [vizit] visit
l'arrêt *m* [larɛ] stop
l'église *f* [legliz] church
le château [ʃato] castle
le musée [myze] museum
le port [pɔr] port
le port de plaisance [. . .plezãs] yachting, harbor
le point de vue [pwɛ̃dvy] view point
le panorama [panɔrama] panorama
le phare [far] lighthouse
la côte rocheuse [kotrɔʃøz] rocky coast
le réservoir [rezɛrvwar] gas tank

la panne [pan] breakdown
cassé, -e [kase] broken
faire le plein [fɛrləplɛ̃] to fill up the tank
réparer [repare] to repair
la demande [dəmãd] request
l'ordre *m* [lɔrdr] order
répéter [repete] to repeat
entrer [ãtre] to come in
asseyez-vous [asɛjevu] sit down
s'asseoir [saswar] to sit down
levez-vous [ləvevu] get up
se lever [sələve] to get up

le train/la gare train/station
la route road
le bateau boat
la traversée crossing
la Grande-Bretagne Great Britain
l'Irlande *f* Ireland
le centre de thalassothérapie salt-water cure
    center
la biologie marine marine biology
le syndicat d'initiative tourist office
la chapelle chapel
la cathédrale cathedral
le couvent convent
la maison du XVIᵉ siècle sixteenth century house
les crêpes pancakes

les coquillages shellfish
prendre un bain to take a bath
un bain d'algues algae bath
l'île island
la rivière river
le figuier fig tree
l'arbre géant giant tree
le sable fin fine sand
la roue de secours spare wheel
dévisser to unscrew
l'écrou nut
revisser to screw back on
descendre le cric to let down the jack
remettre to put back

UNITÉ 3, Leçon 3 *Fête à Roscoff*

Exercice 1 : La fermière raconte : Mettez les verbes entre parenthèses au passé composé avec être ou avoir :

Des campeurs suisses . . . . (arriver) cet après-midi. Ils . . . . (s'arrêter) devant la ferme et nous
. . . . (demander) l'autorisation de camper ici. Ils . . . . (monter) leur tente sous les arbres. Ils
. . . . (venir) avec moi à St-Pol. Nous . . . . (faire) des courses. Je leur . . . . (donner) des
renseignements sur la région. Et ce soir, ils . . . . (aller) à la fête de Roscoff.

Exercice 2 : Regardez l'agenda de Marc. Qu'est-ce qu'il a fait lundi... mardi..., etc. ?

Lundi, *il est allé chez le dentiste.*

Mardi, ...

Mercredi, ...

Jeudi, ...

Vendredi, ...

Samedi, ...

Dimanche, ...

LUNDI	DENTISTE.
MARDI	Dîner avec Lucie
MERCREDI	RÉPARER LA VOITURE.
JEUDI	Acheter chaussures.
VENDREDI	RANGER LE BUREAU!
SAMEDI	TENNIS
DIMANCHE	MATCH FOOT À LA TÉLÉ.

38

Exercice 3 : Qu'est-ce qu'ils ont fait ?

Décrivez chaque dessin en employant un passé composé :

Il a rangé sa chambre.

. . . .

BOULANGERIE PATISSERIE

BOULANGERIE

. . . .

. . . .

. . . .

Exercice 4 : Répondez en employant Y avec le passé composé, comme dans le modèle :

— *Vous connaissez la Suisse ? (aller)*
— *Oui, j'y suis allé.*

1. — Tu connais ce restaurant ? (déjeuner)

— Oui, ...

2. — Vous connaissez la Bretagne ? (camper)

— Oui, ...

3. — Elles connaissent l'Opéra de Paris ? (aller)

— Non, ...

4. — Tu connais Dijon ? (habiter)

— Oui, ...

5. — Vous connaissez l'Hôtel du Nord ? (dormir)

— Oui, nous . . . .

Exercice 5 : Posez des questions sur les mots soulignés, comme dans le modèle :

Anne et Alain sont retournés à la voiture.
Question : *Qui est retourné à la voiture ?*

Ils sont allés à la fête.
Question : *Où est-ce qu'ils sont allés ?*

1. Pierre a lu « Les Mystères de Paris ».   Question : . . . .

2. Ils se sont retrouvés au Café du Port.   Question : . . . .

3. Elle a téléphoné à Luc.   Question : . . . .

4. Les campeurs sont allés au village.   Question : . . . .

5. Sa voiture a coûté 12 000 F.   Question : . . . .

6. J'ai demandé au fermier.   Question : . . . .

7. Ils ont écrit de Rome.   Question : . . . .

8. Elle a acheté des côtelettes pour six personnes.   Question : . . . .

9. Il est venu avec sa famille.   Question : . . . .

10. Ils ont changé la roue.   Question : . . . .

Exercice 6 : Mettez le verbe entre parenthèses à la forme qui convient, avec ou sans RE-, comme dans le modèle :

— Tu as bu ton café ? — Oui, et je voudrais en .... (prendre)
— Oui, et je voudrais en reprendre.

— Tu as acheté du pain ? — Non, je n'en ai pas .... (prendre)
— Non, je n'en ai pas pris.

1. J'ai beaucoup aimé ce film. Je veux le .... (voir)

2. Il y a un match à la télé. Je veux le .... (voir)

3. Je n'ai pas compris ....-moi votre nom. (dire)

4. Je lui ai demandé l'autorisation de camper. Il m'a .... oui. (dire)

5. Je voudrais du thé. Tu peux en .... (faire) ?

6. Vous voulez encore du thé ? Je peux vous en .... (faire)

7. Est-ce que je peux .... un disque ? (mettre)

8. Tu as aimé ce disque ? Je le .... ? (mettre)

Exercice 7 : Luc raconte la fête à Roscoff. Écrivez sa lettre, à l'aide des indications suivantes. Relisez le texte.

fête à Roscoff	Nous sommes allés à la fête à Roscoff.
garer la voiture	Alain a garé ....
oublier sac et appareil photo	Anne a oublié ....
retourner	Alain et Anne ....
se retrouver	Nous nous ....
à 17 h, écouter concours de chant	Nous avons ....
à 18 h, apéritif	....
à 19 h, concours de danses	....
une dame de Nice...	....
sa chanson	....
à 21 h, Fest-Noz	....

Exercice 8 : Répondez aux questions suivantes sur le texte.

1. Où est-ce qu'Alain a garé la voiture ?

2. Pourquoi est-ce qu'il faut retourner à la voiture ?

3. Pourquoi est-ce qu'Alain n'est pas content ?

4. Quel est le programme de la fête à Roscoff ?

5. Qu'est-ce que c'est un biniou ?

6. Comment s'appelle la première concurrente du concours de chant ?

7. D'où vient-elle ?

8. Qu'est-ce qu'elle fait à Roscoff ?

9. Est-ce qu'elle a passé de bonnes vacances ?

10. Qu'est-ce qu'elle a fait ?

VOCABULAIRE/VOCABULARY

garer la voiture [gare. . .] to park the car
l'entrée f [lãtre] entrance
l'entrée de la ville just outside town
c'est à 1 km [sɛta. . .] it's one kilometer away
en face de [ãfasdə] opposite, across from
se dépêcher [sədepeʃe] to hurry
rire [rir] to laugh
chanter [ʃãte] to sing
danser [dãse] to dance
le concours [kõkur] contest
le chant [ʃã] singing
le concours de chant singing contest
le cidre [sidr] cider
la crêpe [krɛp] pancake
la danse [dãs] dance
la danse bretonne [. . .brətɔn] Breton dance
croire [krwar] to believe
c'est du breton it's Breton
qu'est-ce que ça veut dire? [kɛskəsavødir] what does that mean?

savoir [savwar] to know
le/la concurrent/-e [kõkyrã/-t] contestant
s'approcher [saprɔʃe] to approach, to come closer
le micro [mikro] microphone
s'approcher du micro to come closer to the microphone
la peur [pœr] fear
avoir peur to be afraid
joli, -e [ʒɔli] pretty
avoir l'air. . . [avwarlɛr] to seem
avoir l'air timide [. . .timid] to look shy
applaudir [aplodir] to applaud
dernier, -ière [dɛrnje/-ɛr] last
passer des vacances [pasedevakãs] to spend one's vacation
partir [partir] to leave
demain [dəmɛ̃] tomorrow

le spectacle [spɛktakl] show
la vedette [vədɛt] star
jouer de la musique [ʒue. . .] to play music
jouer la comédie [. . .kɔmedi] to act out a play
le/la chanteur/-euse [ʃãtœr/-øz] singer
le/la danseur/-euse [dãsœr/-øz] dancer
le théâtre [teatr] theater
le/la comédien/-ienne [kɔmedjɛ̃/-jɛn] actor
le spectateur [spɛktatœr] spectator
le public [pyblik] audience
le rire [rir] laughter
sourire [surir] to smile
pleurer [plœre] to cry
la larme [larm] tear
les pleurs m pl [plœr] tears
l'applaudissement m [laplodismã] applause

les bravos m pl [bravo] cheers, bravos
siffler [sifle] to hiss
le sifflet [siflɛ] hiss
le début [deby] the beginning
le commencement [kɔmãsmã] the start
finir [finir] to finish
la fin [fɛ̃] end
compter [kõte] to count
gagner [gaɲe] to win
le/la premier/-ière [prəmje/-jɛr] the winner
le/la second/-e [səgõ/-d] the runner-up
le/la dernier/-ière [dɛrnje/-jɛr] the last (one)
hier [jɛr] yesterday
avant-hier the day before yesterday
après-demain the day after tomorrow

le soleil sun, sunshine
le baiser kiss
bons baisers love from (ending for a letter)
l'arrivée f arrival
le martien Martian

le divorce divorce
la mort death
la baleine whale
la course race

UNITÉ 3, Leçon 4 *Dans les pommes . . .*

Exercice 1 : Relisez le texte et répondez par OUI, SI **ou** NON.

1. Les jeunes se réveillent ? . . . .

2. Ils n'ont pas assez dormi ? . . . .

3. Ils ne sont pas fatigués ? . . . .

4. Le fermier cueille ses artichauts ? . . . .

5. Les jeunes ne veulent pas l'aider ? . . . .

6. Marie-Claude est tombée ? . . . .

7. Elle ne s'est pas cassé la jambe ? . . . .

8. Elle ne peut pas marcher ? . . . .

Exercice 2 : Complétez en employant un impératif et un pronom, comme dans l'exemple :

Tu lui demandes ? — Non, demande-lui, toi.
Je leur écris ? — Oui, écris-leur.

1. Je lui dis de venir ? — Oui, ...

2. Tu lui parles ? — Non, ... , toi.

3. Je leur dis merci ? — Oui, ...

4. Tu leur dis au revoir ? — Non, ... , toi.

5. Je vous apporte du café, M. Brun ? — Oui, ...

Exercice 3 : Complétez en employant TROP, ASSEZ **ou** PAS ASSEZ **selon le cas :**

Il ne peut pas prendre sa valise,

il est . . . . petit.

Elle peut prendre sa valise,

elle est . . . . grande.

Il . . . . méchant.

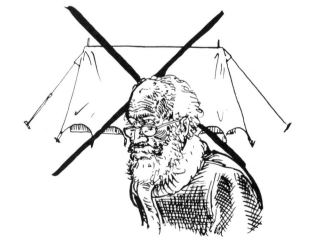

Il ne peut pas faire du camping, il est . . . .

Il . . . . méchant.

Exercice 4 : Qu'est-ce qu'il/elle dit ? Choisissez :

— Danger de mort.
— Prudence.
— Faites attention.

— Fais attention.
— Aidez-moi.
— Au secours.

— Sois prudent.
— Danger.
— Aide-moi.

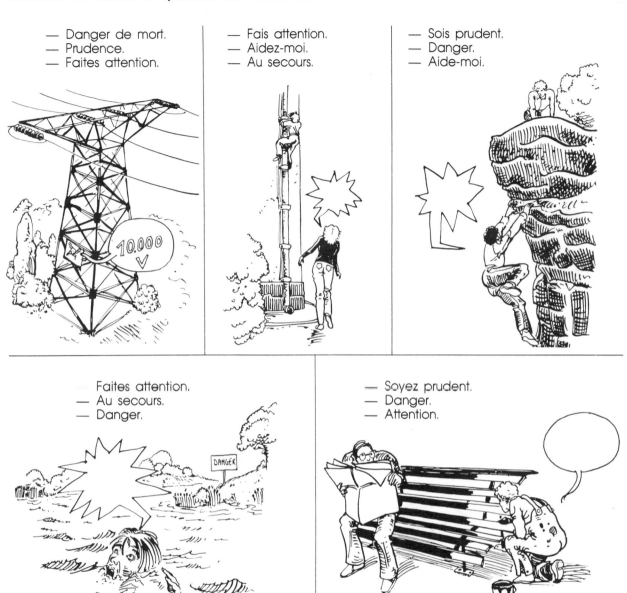

Faites attention.
— Au secours.
— Danger.

— Soyez prudent.
— Danger.
— Attention.

Exercice : 5 (Phonétique).

En français parlé le E est « avalé » dans beaucoup de syllabes.

Je vais à la boucherie = J'vais à la bouch'rie.

Rayez les « E » qui ne se prononcent pas dans les phrases suivantes (attention : cette suppression n'est jamais obligatoire).

Je peux vous demander un service. Je cueille mes pommes, vous ne voulez pas m'aider ?
Ce n'est pas grave ? Non, je n'ai rien, je crois.
Vous pouvez marcher ? Je ne crois pas.

Exercice 6 : Répondez vrai ou faux? et corrigez les erreurs.

1. Le fermier arrive, les campeurs dorment encore.
2. Ils ont trop dormi.
3. Ils sont allés à la fête à Brasparts.
4. Ils demandent un service au fermier.
5. Marie-Claude est tombée parce qu'elle est montée trop haut.
6. Elle peut marcher, elle n'a pas trop mal.
7. Le fermier n'est pas content parce que Marie-Claude a écrasé ses pommes.

Exercice 7 : Répondez aux questions suivantes sur le texte.

1. Pourquoi est-ce que les campeurs ont encore sommeil ?
2. Où sont-ils allés hier soir ?
3. Qu'est-ce qu'ils ont fait ?
4. Pourquoi est-ce qu'Alain a mal à la tête ?
5. Que leur demande le fermier ?
6. Pourquoi le fermier dit-il à Marie-Claude « Soyez prudente » ?
7. Qu'est-ce qu'Anne dit à Luc ?
8. Qu'est-ce qu'Alain dit à Luc ?
9. Que se passe-t-il ?
10. Est-ce qu'il faut appeler un médecin ?

VOCABULAIRE/VOCABULARY

la pomme [pɔm] apple
tomber dans les pommes to pass out
se réveiller [sərevɛje] to wake up
le sommeil [sɔmɛj] sleep
avoir sommeil to be sleepy
assez [ase] enough
on n'a pas assez dormi [ɔ̃napa(z)asedɔrmi] we didn't get enough sleep
trop [tro] too much, too many
avoir mal à la tête [avwarmalalatɛt] to have a headache
être fatigué, -e [fatige] to be tired
le service [sɛrvis] favor
demander un service to ask someone a favor
si [si] if
cueillir [kœjir] to pick
monter [mɔ̃te] to climb
haut, -e [o/-t] high
prudent, -e [prydã/t] careful

tenir [tənir] to hold
l'échelle f [leʃɛl] ladder
apporter [apɔrte] to bring
le panier [panje] basket
lâcher [laʃe] to let go of
au secours! [oskur] help!
vite adv [vit] quickly
tomber [tɔ̃be] to fall
la jambe [ʒɑ̃b] leg
(se) casser la jambe to break one's leg
marcher [marʃe] to walk
avoir mal [avwarmal] to be hurt
tu as mal? does it hurt?
grave m/f [grav] serious
appeler [aple] to call
ne… rien [nə … rjɛ̃] not… anything
écraser [ekraze] to crush

le corps [kɔr] body
les cheveux m pl [ʃvø] hair
le front [frɔ̃] forehead
l'œil, les yeux m [lœj, lezjø] eye, eyes
le nez [ne] nose
la joue [ʒu] cheek
la bouche [buʃ] mouth
les lèvres f pl [lɛvr] lips
les dents f pl [dã] teeth
le cou [ku] neck
les oreilles f pl [lezɔrɛj] ears
la tête [tɛt] head
l'épaule f [lepol] shoulder
le bras [bra] arm
la poitrine [pwatrin] chest
le ventre [vãtr] abdomen, stomach
le dos [do] back
le foie [fwa] liver
le cœur [kœr] heart
l'estomac [lɛstɔma] stomach

l'accident m [laksidã] accident
la maladie [maladi] sickness
malade m/f [malad] sick, ill
le mal [mal] ache, pain
se faire mal to hurt oneself
la douleur [dulœr] pain
la cuisse [kɥis] thigh
la cassure [kasyr] break
la fracture [fraktyr] fracture
se blesser [səblese] to injure oneself
la blessure [blesyr] injury
l'ambulance f [lɑ̃bylɑ̃s] ambulance
la police [pɔlis] police
le pompier [pɔ̃pje] fireman
les pompiers m pl firemen
la sécurité [sekyrite] security
le danger [dãʒe] danger
danger de mort! [dãʒedmɔr] death warning!
à l'aide! [alɛd] help!
la prudence [prydãs] caution

le quotidien daily newspaper
les faits divers m pl short news items
la chute fall
le cyclo moped

un accident s'est produit an accident happened
la sortie at the edge of town
demeurant à living in
s'endormir to fall asleep

47

le volant steering wheel
le vélomoteur moped
droit, -e right
le bloc-notes notes
en cas d'urgence s'adresser à... in case of
  emergency, contact...
le centre hospitalier medical center

la médecine general care
la chirurgie surgery
la maternité maternity care
l'ambulance *f* ambulance
la permanence emergency service
les urgences *f pl* emergencies

UNITÉ 3, Leçon 5 «*Au revoir*»

Exercice 1 : Décrivez les dessins comme dans le modèle :

Elle va tomber !

Elle est tombée !

· ·

· ·

Exercice 2 : Continuez comme dans le modèle.

Tu as écrit à tes parents ? — *Non, mais je vais leur écrire.*

1. Tu as lu les journaux ?   — Non, mais . . . .
2. Tu as fini ce livre ?   — . . . .
3. Tu as acheté des cigarettes ?   — . . . .
4. Tu as rangé la tente ?   — . . . .

Exercice : 3 Qu'est-ce qu'ils peuvent dire ? Faites parler les personnages comme dans le modèle.

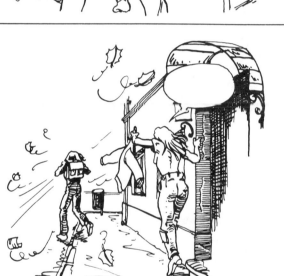

Exercice 4 : Regardez bien le modèle :

Tu connais Mme Legall ? — Oui, je la connais.
On l'invite ? — Oui, invitons-la.
— Non, ne l'invitons pas.

Avec un verbe à l'indicatif, le pronom se place avant le verbe (Oui, je la connais).

Où se place-t-il avec un verbe à l'impératif affirmatif ?

Et avec un verbe à l'impératif négatif ?

(Attention : l'impératif affirmatif et le pronom complément sont reliés par un tiret.)
Continuez comme dans le modèle :

1. Tu aimes ce disque ?　　— Oui, ...
　 On l'écoute ?　　— Oui, ...

2. Tu as ta nouvelle voiture ?　　— Oui, ...
　 On la prend ?　　— Non, ...

3. Tu veux voir les Dupont ?　　— Oui, ...
　 Je les appelle ?　　— Oui, ...

4. Tu as le programme ?　　— Non, ...
　 Je l'achète ?　　— Non, ...

Exercice 5 : (Phonétique).

En français parlé il y a 2 syllabes (phonétiques) dans casserole : casse-role

Combien y a-t-il de syllabes dans les expressions suivantes :

bonne chance   au revoir   tout de suite   bon appétit

Exercice 6 : Répondez vrai ou faux et corrigez les erreurs.

1. Les jeunes Suisses viennent de partir.
2. Ils rentrent en Suisse.
3. Ils veulent aller visiter Brest et Quimper.
4. Ils sont venus dire au revoir et apporter un cadeau aux Legall.
5. La fermière va faire des crêpes pour eux.
6. Les Suisses donnent leur adresse aux Legall.
7. Les Suisses ont donné des chocolats aux Legall et les Legall leur ont donné une bouteille de Calvados.
8. Kenavo veut dire « A votre santé ».

Exercice 7 : Répondez aux questions suivantes sur le texte.

1. Pourquoi les campeurs viennent-ils voir les Legall ?
2. Pourquoi ont-ils apporté une boîte de chocolats ?
3. M. et Mme Legall leur disent d'entrer. Pour quoi faire ?
4. Pourquoi est-ce que Marie-Claude n'est pas contente ?
5. Qu'est-ce qu'ils boivent avec les crêpes ?

VOCABULAIRE/VOCABULARY

rentrer [rɑ̃tre] to go back
vous rentrez chez vous? are you going back home?
bon voyage! [bɔ̃vwajaʒ] have a good trip!
le cadeau [kado] gift
tenez! [təne] here!
la boite [bwat] box
être en train de... [ɛtrɑ̃trɛ̃də] to be in the process of...
nous allons les manger [nuzalɔ̃lemɑ̃ʒe] we are going to eat them
je viens d'en faire [ʒvjɛ̃dɑ̃fɛr] I have just made some
chaud, -e [ʃo/-d] hot
le bol [bɔl] bowl
l'assiette f [lasjɛt] plate
passer [pase] to pass
la fourchette [furʃɛt] fork

la recette [r(ə)sɛt] recipe
tout à l'heure [tutalœr] later on
arrêter [arete] to stop
arrête! [arɛt] stop!
avoir faim [...fɛ̃] to be hungry
se servir [səsɛrvir] to help oneself
servez-vous! [sɛrvevu] help yourself!
froid, -e [frwa/-d] cold
comment ça s'écrit? [kɔmɑ̃sasekri] how do you spell that?
dites! [dit] I say
avoir soif [...swaf] to be thirsty
le calva [kalva] calvados (apple brandy)
tout de suite [tutsɥit] right away
de rien [dərjɛ̃] you're welcome
à votre santé! [avɔtrsɑ̃te] cheers!
bonne chance! [bɔnʃɑ̃s] good luck!

les ustensiles de cuisine *m pl* [lezystãsil] kitchen utensils
la cuillère [kɥijɛr] spoon
le couteau [kuto] knife
le verre [vɛr] glass
la tasse [tas] cup
la casserole [kasrɔl] pan
le plat [pla] serving dish
la poêle [pwal] frying pan
la cuisine [kɥizin] kitchen
le frigidaire [friʒidɛr] fridge
le réfrigérateur [refriʒeratœr] refrigerator
la cuisinière [kɥizinjɛr] cooker
le four [fur] oven
éplucher [eplyʃe] to peel
mélanger [melãʒe] to mix
cuire [kɥir] to cook
faire cuire to cook
mettre au four [mɛtrofur] to put in the oven
servir chaud [sɛrvirʃo] to serve hot

tiède *m/f* [tjɛd] lukewarm
glacé, -e [glase] ice-cold
l'état physique *m* [letafizik] physical condition
j'ai chaud [ʒeʃo] I'm hot
j'ai froid [ʒefrwa] I'm cold
avoir besoin de... [...bəzwɛ̃] to need
le souhait [ləswɛ] wish
souhaiter [swɛte] to wish
bon appétit! [bɔnapeti] have a nice meal!
bon courage! [bɔ̃kuraʒ] good luck! keep it up!
bon anniversaire! [bɔnanivɛrsɛr] happy birthday!
à la vôtre! [alavotr] here's to you! your health
l'explication *f* [lɛksplikasjɔ̃] explanation
pardon? [pardɔ̃] excuse me? what? pardon?
comment ça se dit en français?
   [kɔmãsasdiãfrãsɛ] how do you say that in French?
ça se dit... you say...
remplacer [rãplase] to replace
connaître [kɔnɛtr] to know

la fiche cuisine recipe card
la farine flour
le litre liter
une cuillerée à soupe de farine a tablespoon of flour
une cuillerée à café de farine a teaspoon of flour
le sel salt
ajouter to add
beurré buttered

verser to pour
la pâte dough
retourner to turn over
la louche ladle
étaler to roll out
le râteau rake (here, a special utensil to make crepes)
la spatule spatula

BILAN 3/REVIEW 3

A **le studio** [stydjo] studio apartment
la poste [pɔst] post office

le disque [disk] record

B **est-ce que je peux parler à Francine?** can I speak to Francine?
d'où est-ce que tu m'appelles? where are you calling from?

ensuite [ãsɥit] then, next
travailler la guitare to practice the guitar

C **le touriste** tourist
l'étranger *m* foreigner
surtout especially, above all
se reposer to rest
se soigner to take care of oneself
les rhumatismes *m pl* rheumatism
le bateau à voile sailboat
le bateau de pêche «langoustier» lobster boat
pêcher to fish
la langouste spiny loster
les îles anglo-normandes the Channel Islands

la Cornouailles anglaise Cornwall
le port de commerce commercial port
le port de guerre naval harbor
l'amiral *m* admiral
combattre les Anglais to fight the English
la bataille battle
se marier avec le dauphin de France to marry the French dauphin
le repaire de corsaires pirates' lair
le trou hole
le trou de flibustiers lubber's hole

le nid nest
la tourmente tempest
le somme deep sleep
le granit granite
la cheminée chimney
rêver to dream
le mousse cabin boy
l'épave *f* shipwreck
l'amour *m* love

allumer to light
quelquefois sometimes
le costume traditionnel traditional costume
le miel honey
la cornemuse bagpipes
long, longue long
danser en ligne dance in a line
en groupe dance in a group

SOMMAIRE DE L'UNITÉ
Unité 3 (leçons 11 à 15)

N° et titre des leçons	Objectifs de communication	Phonétique	Vocabulaire/thèmes	Grammaire
III - 1 *Vacances en Bretagne*	*demander un renseignement, une autorisation* *interdire/autoriser* localiser (près, loin, où, d'où...) remercier, s'excuser s'informer sur la durée	opposition [ø] / [œ]	le camping autorisations et interdictions formules de politesse (remercier, s'excuser, saluer)	pronoms personnels compléments indirects pronom d'insistance sens de «demander» l'interrogation sur le lieu (d'où?, où?...)
III - 2 *Suivez le guide*	*conseiller, suggérer, ordonner, inviter* exprimer un besoin, un souhait, une volonté	opposition [ã] / [ẽ]	l'automobile, les pannes le guide demandes et ordres	les impératifs «en» et «y» (adverbes de lieu et pronoms)
III - 3 *Fête à Roscoff*	*demander/donner une explication* rapporter un fait, situer dans le passé (décrire une activité passée) fixer un lieu de rendez-vous décrire une personne (physiquement, psychologiquement)	[y]	le spectacle les nombres ordinaux le temps (date) le préfixe «-re»	le passé composé (avec avoir et être) l'impératif (suite) le participe passé
III - 4 *Dans les pommes*	*demander une aide, un secours* exprimer une douleur, une souffrance interroger quelqu'un sur sa santé, son état conseiller, mettre en garde demander pardon	opposition [ɑ] / [õ]	le corps la maladie, l'accident la sécurité la quantité, le degré (adverbes)	impératif et pronom tonique passé composé des verbes pronominaux l'interrogation négative (non et si)
III - 5 *«Au revoir»*	*demander/donner une explication* [2] situer dans le temps (projet proche) présenter des souhaits, remercier prendre congé	liaisons [3]	la vaisselle la cuisine l'état physique les souhaits les demandes d'explication	présent continu, passé récent, futur proche (aspects du verbe) le pronom personnel complément direct constructions de «venir»
Bilan 3	C) Images pour... (civilisation)	Roscoff en Bretagne les fêtes bretonnes la langue bretonne	D) Aide-mémoire	les pronoms personnels les participes passés les adjectifs numéraux ordinaux les fêtes de l'année

UNIT SUMMARY
Unit 3 (lessons 11-15)

Number and title of lesson	Communication objectives	Phonetics	Vocabulary/themes	Grammar
III - 1 *Vacances en Bretagne* (*Holidays in Brittany*)	*Asking for information, permission* *forbidding, giving permission* Locating (near, far, where, from where...) Thanking, excusing oneself Asking about length of time	Opposition [ø] / [œ]	Camping Authorizations and prohibitions Polite phrases (to thank, to excuse oneself, to greet)	Personal pronouns, indirect objects Emphatic personal pronoun Meaning of «demander», (to ask for) Interrogation about place (from where? where?)
III - 2 *Suivez le guide* (*Follow the guide*)	*Advising, suggesting, ordering, inviting* Expressing a need, a wish, a willingness	Opposition [ɑ̃] / [ɛ̃]	The car, breakdowns The guide (the shopkeepers) Requests and orders	Imperatives «en» and «y» (adverbs of place and pronouns)
III - 3 *Fête à Roscoff* (*Festival in Roscoff*)	*Asking for/giving an explanation* Reporting a fact in the past (describe a past activity) Fixing a place for an appointment Describing a person (physically and psychologically)	[y]	The show Ordinal numbers Dates The prefix ''re''	The perfect (with «avoir» and «être») Imperative (continued) The past participle
III - 4 *Dans les pommes* *Feeling faint!*	*Asking for help or medical assistance* Expressing pain Asking someone about his/her health, his/her condition Advising, warning Asking to be excused	Opposition [ɑ̃] / [ɔ̃]	The body Sickness, accident Security The quantity, degree (adverbs)	Imperative and emphatic pronouns Perfect of pronominal verbs Negative interrogation (non, si)
III - 5 «*Au revoir*» (*Good-bye*)	*Asking for/giving an explanation* [2] Situating in time (project in the immediate future) Wishing someone something, thanking Taking one's leave	Liaisons [3]	Dishware The kitchen Physical condition Wishes Requests for explanations	Present continuous, recent past, immediate future (aspects of the verb) Personal pronoun, direct object Constructions of «venir», (to come)
Review 3	C) Pictures for... (civilization)	Roscoff, Brittany Breton festivals The Breton language	D) Reminder	Personal pronouns Past participles Ordinal numbers Holidays of the year

UNITÉ 4, Leçon 1 _Les Pellicier déménagent_

Exercice 1 : Écrivez des dialogues comme dans le modèle :

moto / aller à la fac.
— J'ai besoin d'une moto ?
— Pour quoi faire ?
— Pour aller à la fac.

1. cric / changer ma roue   — ....
     — ....
     — ....

2. argent / acheter une voiture.   — ....
     — ....
     — ....

3. robe neuve / aller au bal.   — ....
     — ....
     — ....

4. pièce de 1 franc / téléphoner   — ....
     — ....
     — ....

5. gros classeur / ranger mes papiers   — ......
     — ......
     — ......

Exercice 2 : Pour / parce que.

Complétez, comme dans le modèle :

— Donne-moi de l'argent. — De l'argent ? Pour quoi faire ?
— Pour acheter un cadeau à Geneviève, parce que c'est sa fête.

1. — Il me faut trois paniers.   — ....?
   — .... mettre mes pommes, ... il y en a beaucoup.
2. — Vous avez de l'eau, s'il vous plaît ?   — ....?
   — .... mettre dans mon café, ... trop fort.
3. — J'ai besoin d'une échelle   — ....?
   — .... prendre les dossiers, ... trop haut.
4. — Je vais au bureau samedi.   — ....?
   — .... voir le directeur, ... rendez-vous avec lui pour une augmentation.
5. — Je vais chez ma sœur.   — ....?
   — .... l'aider, ... est malade.

Exercice 3 : Transformez comme dans le modèle, en employant le verbe falloir **:**

Mon fils ira au lycée l'an prochain. Le lycée est à 10 km. Je vais lui acheter un vélomoteur →
IL LUI FAUDRA UN VÉLOMOTEUR POUR ALLER AU LYCÉE.

1. Vous allez à la gare ? C'est loin ! On va vous appeler un taxi. → Il vous faudra ....
2. Je vais faire un gâteau. J'ai besoin de farine et d'œufs. → ....

3. Tu veux aller cueillir des pommes ? Alors je vais te donner une échelle. → . . . .

4. Tu vas travailler ? Donne-moi de l'argent : j'irai faire les courses. → . . . .

5. Elles vont faire du camping, mais elles n'ont pas de tente ! → . . . .

Exercice 4 : Complétez le tableau de conjugaison.

j'ai déjeuné	je viens de déjeuner	je déjeune	je vais déjeuner	je déjeunerai
. . . .	tu viens de gagner	. . . .	. . . .	. . . .
. . . .	. . . .	elle sort	. . . .	. . . .
. . . .	. . . .	. . . .	nous allons jouer	. . . .
. . . .	. . . .	. . . .	. . . .	vous conduirez
. . . .	. . . .	ils mangent	. . . .	. . . .

Exercice 5 : Répondez comme dans le modèle :

— *Tu veux bien ranger le salon ? — Non, je ne le rangerai pas !*

1. — Tu veux bien dire au revoir ? — Non, ...

2. — Tu veux bien refaire des crêpes ? — Non, ...

3. — Tu veux bien payer l'addition ? — Non, ...

4. — Tu veux bien me donner ton numéro de téléphone ? — Non, ...

5. — Tu veux bien aider ton frère ? — Non, ...

Exercice 6 : Complétez comme dans le modèle :

Il a beaucoup travaillé aujourd'hui : il ne travaillera pas demain.

1. Nous sommes allés au restaurant aujourd'hui : . . . .

2. Elle a fait les courses aujourd'hui : . . . .

3. On a acheté trop de pain aujourd'hui : . . . .

4. Ils sont allés au cinéma aujourd'hui : . . . .

5. Vous avez regardé la télé aujourd'hui : . . . .

Exercice 7 : Posez une question comme dans le modèle :

Elle n'est pas venue aujourd'hui !
— Est-ce qu'elle viendra demain ?

1. Nous ne l'avons pas vu aujourd'hui ! — . . . . ?

2. Tu n'as pas rangé ta chambre aujourd'hui ! — . . . . ?

3. Nous n'avons pas visité l'église aujourd'hui ! — . . . . ?

4. Elle n'a pas pris sa voiture aujourd'hui ! — . . . . ?

5. Je n'ai pas eu besoin de ta machine à écrire aujourd'hui ! — . . . . ?

6. Ils n'ont pas fini leur travail aujourd'hui ! — . . . . ?

Exercice 8 : Décrivez leur situation cette année et parlez de leur situation l'année prochaine comme dans le modèle :

Cette année	l'année prochaine
M. Boyer, technicien, 9 000 F par mois, Renault, Paris.	Cadre, 11 500 F par mois, Renault, Le Mans. ·
M. Richaud, représentant, 10 000 F par mois, région parisienne.	Directeur commercial, 12 000 F par mois, Orléans.
Mme Dupuy, vendeuse, 3 800 F par mois, Magasin Monoprix, Reims.	Vendeuse chef, 4 700 F par mois, Monoprix, Troyes.

M. Boyer est technicien ; il gagne 9 000 F par mois. Il travaille chez Renault à Paris. L'an prochain, il sera cadre ; il gagnera 11 500 F par mois ; il travaillera chez Renault au Mans.

M. Richaud .... Mme Dupuy ....

Exercice 9 : (Phonétique).

Relisez le texte à partir de « C'est loin du centre » et relevez les liaisons. (Il y en a 8.)

1. .... 2. ....
3. .... 4. .... 5. ....
6. .... 7. ....

Exercice 10 : Les mots suivants terminés par E sont masculins ou féminins.

Classez en deux listes, (mots masculins / mots féminins) en mettant devant chaque mot : LE, LA, ou L'.

coffre, essuie-glaces, église, guide, musée, fête, manivelle, phare, plage, cidre, voiture, crêpe, coude, foie, service, épaule, douche, tête, cadre, chômage, salaire, usine, farine.

Exercice 11 : Répondez aux questions suivantes sur le texte.

1. Où seront les Pellicier l'an prochain ?
2. Pourquoi les enfants n'ont-ils pas envie de déménager ?
3. Pourquoi les Pellicier déménagent-ils ?
4. Que fera M. Pellicier à Montpellier ?
5. Et Mme Pellicier ?
6. Et Gérard, est-ce qu'il pourra faire ses études ?
7. Où habitera la famille Pellicier ?
8. Pourquoi Gérard dit-il « Il me faudra une moto » ?
9. Qu'en pense Mme Pellicier ?
10. Et M. Pellicier ?

VOCABULAIRE/VOCABULARY

déménager [demenaʒe] to move
les enfants! [lezãfã] children
la nouvelle [nuvɛl] news
annoncer [anɔ̃se] to tell
être d'accord [ɛtrdakɔr] to agree
on est bien ici [ɔ̃nɛbjɛ̃(n)isi] we're fine here
moi non plus [mwanɔ̃ply] me neither
d'abord [dabɔr] first

deviner [dəvine] to guess
en province [ãprɔvɛ̃s] in the provinces (not in Paris)
le nord [nɔr] the north
au nord [onɔr] in the north
au sud [osyd] in the south
c'est à combien de km de Paris? [sɛtakɔ̃bjɛ̃...] how many kilometers is it from Paris?

environ [ãvirɔ̃] about
l'est *m* [lɛst] the east
à l'est de Marseille [alɛst...] east of Marseilles
pourquoi [purkwa] why
parce que [parskə] because
envoyer [ãvwaje] to send
l'usine *f* [lyzin] factory
la promotion [prɔmosjɔ̃] promotion
l'ingénieur en chef *m* [lɛ̃ʒenjœrɑ̃ʃɛf] chief
    engineer
devenir [dəvnir] to become
qu'est-ce qu'elle deviendra? [kɛskɛldəvjɛ̃dra]
    what will she do?
être au chômage [ɛtroʃomaʒ] to be unemployed
s'inquiéter [sɛ̃kjete] to worry
le poste [pɔst] post
les études *f pl* [lezetyd] studies
le bac (baccalauréat) [bak] exams taken when
    one finishes high school

passer le bac to take this exam
prochain, -e [prɔʃɛ̃/-ɛn] next
la fac (ulté) [fak/-ylte] college department
le village [vilaʒ] village
l'université *f* [lynivɛrsite] university
dans la banlieue [dãlabãljø] in the suburbs
le centre [sãtr] center
tout près [tuprɛ] very near
la moto [mɔto] motorcycle
le vélomoteur [velomɔtœr] moped
le lycée [lise] high school
je suis contre [ʒ(ə)sɥikɔ̃tr] I am against
dangereux, -euse [dãʒrø/-øz] dangerous
conduire [kɔ̃dɥir] to drive
les deux roues [ledøru] two-wheel vehicles
vrai, -e [vrɛ] true
avoir raison [avwarrezɔ̃] to be right
réfléchir [refleʃir] to think over

le travailleur [lətravajœr] worker
l'employé, -e [lãplwaje] employee
l'ouvrier *m* [luvrije] worker (manual)
le cadre [ləkadr] white-collar worker
le technicien [lətɛknisjɛ̃] technician
l'artisan *m* [lartizã] craftsman
le fonctionnaire [ləfɔ̃ksjɔnɛr] government
    employee, civil servant
l'agriculteur *m* [lagrikyltœr] farmer
l'entreprise *f* [lãtrəpriz] firm
l'administration *f* [ladministrasjɔ̃] administration
EDF (Électricité de France) French electricity
    board
PTT (Postes, Télégraphes, Téléphones) (mail,
    telegraph, and telephone)
l'Éducation National *f* [ledykasjɔ̃nasjɔnal]
    National Education
la vie professionnelle [laviprɔfɛsjɔnɛl]
    professional life
l'augmentation *f* [lɔgmãtasjɔ̃] raise
le salaire [ləsalɛr] salary
passer de... à... to go from... to...
la situation [lasitɥasjɔ̃] position
l'emploi *m* [lãplwa] job
le chômeur [ləʃomœr] unemployed person
perdre son emploi [pɛrdr...] to lose one's job
l'école primaire *f* [lekɔlprimɛr] primary school
l'écolier, -ière [lekɔlje/-jɛr] schoolboy, schoolgirl
le collège [kɔlɛʒ] junior high school
le/la collégien, -gienne [kɔleʒjɛ̃/-ʒiɛn] junior high
    student (ages 10-13)
le lycéen, la lycéenne [liseɛ̃/-ɛn] high school
    student (ages 14-17)

la faculté des lettres [...delɛtr] college of arts
la faculté de médecine [...dəmedsin] medical
    school
la faculté de droit [...dədrwa] law school
la faculté des sciences [...desjãs] college of
    science
l'étudiant en lettres [letydjãɑ̃lɛtr] liberal arts
    student
la date [ladat] date
il y a 2 ans [iljadøzã] two years ago
dans 2 ans [dãdøzã] in two years' time
les moyens de locomotion *m pl*
    [lemwajɛ̃dələkɔmosjɔ̃] means of transport
l'auto *f* [loto] automobile, car
la bicyclette [bisiklɛt] bicycle
le train [trɛ̃] train
le TGV (train à grande vitesse) the fastest French
    train
l'avion *m* [lavjɔ̃] airplane
le bateau [bato] boat
le taxi [taksi] taxi
le bus [bys] bus
l'autobus *m* [lɔtɔbys] bus
le car [kar] bus, coach
faire de la moto to ride a motorcycle
l'orientation *f* [lɔrjãtasjɔ̃] orientation
l'espace *m* [lɛspas] space
dans le Midi in the "Midi" (southern region of
    France)
la sortie [sɔrti] exit
je suis pour [ʒəsɥipur] I am for
faux, fausse [fo/fos] wrong
avoir tort [avwartɔr] to be wrong

passionnant, -e fascinating
choisir to choose
s'installer à to settle in. . .
le terrain site
l'hectare *m* hectare (2.5 acres)
en ce moment currently
la merveille marvel
l'ordinateur *m* computer
servir to serve

la banque bank
le centre de recherches scientifiques center of
   scientific research
le brevet patent
le changement change
grandir to grow
intéressant, -e interesting
par mois monthly
être à l'heure to be on time

UNITÉ 4, Leçon 2 _Vivre à Montpellier_

Exercice 1 : Reliez en une phrase comme dans le modèle :

Ce soir il y a un concert de jazz. Ce concert m'intéresse →
Ce soir il y a un concert de jazz qui m'intéresse.

1. Il y a une journaliste. Elle veut vous parler. → ....

2. Demain vous verrez nos amis. Ces amis arrivent d'Égypte. → ....

3. J'ai une voiture neuve. Cette voiture marche très mal. → ....

4. Nous avons une nouvelle secrétaire. Elle travaille très bien. → ....

5. Dans ma rue, il y a un pâtissier. Il fait de très bons gâteaux. → ....

Exercice 2 : Faites une phrase comme dans le modèle :

élèves/avoir le bac/pouvoir aller à l'université →
Les élèves qui ont le bac peuvent aller à l'université.

1. campeurs/ne pas aimer les campings/camper dans les champs. → ....

2. travailleurs/habiter en banlieue/se lever tôt pour aller au travail. → ....

3. élèves/bien travailler/avoir de bons résultats. → ....

4. enfants/habiter loin/venir en bus. → ....

5. commerçants/vendre de bons produits/avoir beaucoup de clients. → ....

6. personnes/faire attention/ne pas avoir d'accidents. → ....

7. personnes/voyager/avoir une vie agréable. → ....

8. jeunes/avoir 18 ans/pouvoir voir tous les films. → ....

9. enfants/aller à l'école/ne pas regarder la télévision tard le soir. → ....

10. Français/aimer bien manger/connaître les bons restaurants. → ....

Exercice 3 : Posez la question comme dans le modèle :

Il a fait un gâteau. — C'est lui qui l'a fait ?

1. Elle a rangé le salon.   — .... ?   4. Il a parlé au concierge.   — .... ?

2. Ils ont appelé le docteur.   — .... ?   5. Elles ont pris la voiture.   — .... ?

3. J'ai trouvé ce restaurant.   — .... ?

Exercice 4 : Décrivez les dessins comme dans le modèle :

Il y a quelqu'un qui a fumé mes cigarettes !

....

MON CHAPEAU!

MA VOITURE!

. . . .

MON GÂTEAU!

. . . .

. . . .

Exercice 5 : Complétez avec « quelqu'un » **ou** « quelque chose » :

1. Je connais . . . . qui habite Miami.
2. . . . . est venu te voir cet après-midi.
3. Est-ce qu'il y a . . . . à manger ?
4. On va manger chez eux. Est-ce qu'il faudra leur apporter . . . . ?
5. Est-ce qu'il y a . . . . qui peut me donner un renseignement ?
6. Tu ne veux pas boire . . . . ?
7. Est-ce que . . . . pourra m'aider ?
8. . . . . a besoin de moi ?
9. Est-ce que je peux faire . . . . pour vous ?
10. Je vais vous chanter . . . .

Exercice 6 : Répondez comme dans le modèle avec tout le, toute la, tous, toutes :

Donne-moi du vin. — Tu peux prendre tout le vin

1. Je vais inviter mes amis. — . . . .
2. Il me faut du carbonne. — . . . .
3. Je vais faire une ou deux courses. — . . . .
4. J'apporte mes disques. — . . . .
5. Je peux boire de la bière ? — . . . .

Exercice 7 : En vous aidant des indications ci-contre faites le bulletin météorologique de la journée de demain (en France) :

Dans l'Ouest, il y aura de la pluie (il pleuvra).

Dans le Nord, ...

Sur les Alpes . . . .

Dans la région . . . .

Dans le Sud . . . .

Exercice 8 : Décrivez le dessin ci-dessous en employant :
en haut, en bas, au milieu,
à droite, à gauche,
au-dessus, au-dessous, à côté.

En haut, à gauche, il y a des montagnes...

Exercice 9 : (Phonétique).

a) Rayez la ou les lettres qui ne se prononcent pas dans les mots suivants :

AUTOMNE   MONTPELLIER   PRINTEMPS   ESTOMAC   DOIGT   SECOURS

b) Relevez les liaisons dans le texte à partir de « Et les Pyrénées ? » (il y en a 5).

1 ....   2 ....
3 ....   4 ....   5 ....

Exercice 10 : Répondez aux questions suivantes sur le texte.

1. Qu'est-ce qu'il y a dans la grosse enveloppe ?
2. Qui a envoyé cette enveloppe ?
3. Quel est le prospectus qui intéresse M. Pellicier ?
4. Où est situé Montpellier ?
5. Est-ce qu'il pleut à Montpellier ?
6. Où se trouvent les plages ?
7. Qu'est-ce qu'on peut faire à la plage ?
8. Qu'est-ce qu'on peut faire en Camargue ?
9. Qu'est-ce qu'on peut faire dans les Pyrénées ?
10. En quelle saison ?

VOCABULAIRE/VOCABULARY

le courrier [kurje] mail
l'office de tourisme *m* [lɔfisdəturism] tourist office
l'enveloppe *f* [lãvlɔp] envelope
plaire [plɛr] to please
recevoir [rəsəvwar] to receive
le prospectus sur Montpellier
  [prɔspɛktyssyrmɔ̃pəlje] brochure about
  Montpellier
les loisirs *m pl* [lwazir] leisure activities
la route des vins [rutdevɛ̃] wine route
la capitale [kapital] capital
situé, -e à [sitɥe] located in

au milieu de [omiljødə] in the middle of
le vignoble [viɲɔbl] vineyard
le visiteur [vizitœr] visitor
le souvenir [suvnir] memory
extraordinaire *m/f* [ɛkstraɔrdinɛr] extraordinary
l'habitant *m* [labitã] inhabitant
il fait beau [ilfɛbo] the weather is lovely
toute l'année [tutlane] all year round
le climat [klima] climate
l'hiver *m* [livɛr] winter
doux, douce [du/dus] mild
il pleut [ilplø] it rains

pleuvoir [pløvwar] to rain
le printemps [prɛ̃tɑ̃] spring
l'automne *m* [lotɔn] autumn
le ciel [sjɛl] sky
bleu, -e [blø] blue
formidable [fɔrmidabl] great
tout le temps [tultɑ̃] all the time
bronzer [brɔ̃ze] to get a tan
faire de la planche à voile [fɛrdlaplɑ̃ʃavwal] to wind surf

en haut [ɑ̃'o] at the top
en bas [ɑ̃ba] at the bottom
l'autoroute *f* [lotɔrut] freeway, highway
la route [rut] road
à droite [adrwat] on/to the right
le cheval [ʃ(a)val] horse
faire du cheval to ride a horse
à gauche [agoʃ] on/to the left
super! [sypɛr] super!

le temps [tɑ̃] weather
le soleil [sɔlɛj] sun
il y a du soleil it's sunny
le soleil brille [ləsɔlɛjbrij] the sun is shining
dégagé, -e [degaʒe] cleared up
il fait mauvais [ilfɛmɔvɛ] the weather is bad
il fait froid [il fɛfrwa] it's cold
il y a du vent [iljadyvɑ̃] it's windy
il neige [ilnɛʒ] it's snowing
l'orage *m* [lɔraʒ] storm
le brouillard [brujar] fog
le nuage [nɥɑʒ] cloud
gris, -e [gri/-z] gray
la carte météorologique [kartmeteorɔlɔʒik] weather forecast
le bulletin météo [byltɛ̃meteo] weather report
ensoleillé, -e [ɑ̃sɔleje] sunny
variable *m/f* [varjabl] variable
nuageux, -euse [nɥɑʒø/-øz] cloudy
couvert, -e [kuvɛr/-t] overcast
la pluie [plɥi] rain
la brume [brym] mist
la neige [nɛʒ] snow

l'averse *f* [lavɛrs] shower
le mistral [mistral] mistral
la tramontane [tramɔ̃tan] tramontane (wind coming "over the mountains")
les saisons *f pl* [lesezɔ̃] seasons
la localisation [lɔkalizasjɔ̃] location
en dessous [ɑ̃d(ə)su] below
au-dessous de [od(ə)sudə] beneath
en dessus [ɑ̃d(ə)sy] above
au-dessus de [od(ə)sydə] on top of
entre [ɑ̃tr] between
ça te plaît? [sat(ə)plɛ] do you like it?
c'est grand it's big
amusant, -e [amyzɑ̃/ t] amusing
chic! [ʃik] great! neat!
terrible *m/f* [teribl] terrific
désagréable *m/f* [dezagreabl] unpleasant
laid, -e [lɛ/-d] ugly
ennuyeux, -euse [ɑ̃nɥijø/-øz] boring
zut! [zyt] darn
la barbe! [barb] what a bore!
ah non! [anɔ̃] oh no!

ancien, -ienne very old
l'agronomie *f* agronomy
la ville d'art et de science city of art and science
la gare SNCF train station, railway station

le climat méditerranéen Mediterranean climate
le monument monument
l'Arc de Triomphe Arch of Triumph
le jardin des plantes botanical gardens

UNITÉ 4, Leçon 3 _A la recherche d'une villa_

Exercice 1 : Mettez les adverbes suivants dans les phrases ci-dessous :

chaudement, prudemment, méchamment, gentiment, immédiatement, exactement, gravement, gaiement, gratuitement, dangereusement.

1. Il n'est pas content, il lui parle ....

2. Il a trop bu, il conduit ....

3. Moi, je ne vais pas vite, je conduis ....

4. Son père travaille à la SNCF, il voyage ....

5. Il va faire froid ce soir, habille-toi ....

6. Il est à l'hôpital, il est .... malade.

7. Il aime bien sa petite sœur, il lui parle ....

8. Écoutez-les ! Ils sont contents. Il chantent .....

9. Vite ! Vous êtes en retard. Partez ....

10. Quelle heure avez-vous ? Il est .... 6 h.

Exercice 2 : Complétez en mettant le verbe au futur et en ajoutant l'adverbe (formé à partir de l'adjectif) comme dans le modèle :

Le journal est gratuit. Vous l'aurez gratuitement.

1. La maison est difficile à trouver. Vous (trouver) ....

2. La dame est gentille. Elle (vous aider) ....

3. Il est méchant. Il (vous parler) ....

4. Ma sœur est prudente. Elle (conduire) ....

5. Cet exercice est facile. Vous (faire) ....

Exercice 3 : Répondez comme dans le modèle :

— _Qui c'est, ce pianiste ? (admirer beaucoup)_   — _C'est un pianiste que j'admire beaucoup._

1. Qu'est-ce que c'est, ce disque ? (écouter tout le temps)   — ....

2. Qui sont ces gens ? (détester)   —   ....

3. Qu'est-ce que c'est, ce pull ? (faire la semaine dernière)   —   ....

4. Qui c'est, ce garçon ? (connaître hier soir)   —   ....

5. Qu'est-ce que c'est, ce livre ? (être en train de lire)   —   ....

Exercice 4 : Transformez, comme dans le modèle :

Je préfère cette musique → Cette musique, c'est la musique que je préfère.

1. Je cherche ce disque → ....

2. Je veux cette maison → ....

3. Je fume ces cigarettes → ....

4. Je lis ce journal → ....

5. Je bois ce whisky → ....

6. Je connais ce pianiste → ....

7. Je prend ce bus → ....

8. Je conduis cette voiture → ....

Exercice 5 : Répondez comme dans l'exemple :

Il y a une robe et un pantalon (faire). C'est le pantalon que j'ai fait.

1. Il y a un garçon et une fille. (connaître) .....

2. Il y a un crayon et un stylo. (vouloir) ....

3. Il y a un chien et un chat. (préférer) ....

4. Il y a la radio et la télévision. (détester) .....

5. Il y a du tennis et du football. (regarder) ....

6. Il y a les bières et les cigarettes. (payer) ....

7. Il y a une moto et une voiture. (vendre) ....

8. Il y a un journal et un livre. (lire) ....

Exercice 6 : Complétez avec quelqu'un/quelque chose... qui/que...

1. Un digestif, c'est .... on boit à la fin du repas.
2. Un agriculteur, c'est .... travaille à la campagne.
3. Un matelas pneumatique, c'est .... on gonfle.
4. Une crêpe, c'est .... on mange en Bretagne.
5. Un musicien, c'est .... joue d'un instrument de musique.
6. Un campeur, c'est .... fait du camping.
7. Un célibataire, c'est .... n'est pas marié.
8. Un cadeau, c'est .... on donne à ses amis.
9. Un journal, c'est .... on achète le matin.

Exercice 7 : (Phonétique).

Classez les mots suivants qui contiennent la lettre O selon sa prononciation [o/ɔ]

logement   Talbot   lavabo   commercial   raisonnable   trop   studio   désolé

1. [ɔ] ....

2. [o] ....

Exercice 8 : Répondez aux questions suivantes sur le texte.

1. Pourquoi les Pellicier sont-ils à Montpellier ?
2. Qu'est-ce qu'ils cherchent exactement ?
3. Avec qui sont-ils en ce moment ?
4. Qui est Mme Talbot ?
5. Que font-ils avec Mme Talbot ?
6. Pouvez-vous décrire la villa qu'elle leur montre ?
7. La villa n'a pas de garage. Est-ce que c'est ennuyeux ?
8. Mme Talbot n'a pas les clés. Est-ce qu'ils vont pouvoir visiter la villa ?

VOCABULAIRE/VOCABULARY

la recherche [r(ə)ʃɛrʃ] search
à la recherche de searching for
la villa [villa] villa
assez grand, -e [asegrã/-d] big enough
le rez-de-chaussée [redʃose] ground floor
le séjour [seʒur] living room
un étage [œ̃netaʒ] floor
la salle de bains [saldəbɛ̃] bathroom
la surface [syrfas] surface area
elle fait quelle surface? [ɛlfɛkɛlsyrfas] how big is it?
le centre commercial [sãtrkɔmɛrsjal] shopping center
pratique *m/f* [pratik] convenient
immédiatement *adv* [imedjatmã] immediately
le locataire [lɔkatɛr] tenant
partir [partir] to leave
c'est tout droit? [sɛtudrwa] is it straight ahead?

prenez la première à gauche [prənelaprəmjɛragoʃ] take the first left
un peu plus loin [œ̃pøplylwɛ̃] a little farther on
c'est sur la droite [sɛsyrladrwat] it's on the right
voilà, nous y sommes! [vwalanuzisɔm] here we are!
qu'est-ce que vous en pensez? [kɛskəvuzãpãse] what do you think of it?
trouver bien [truvebjɛ̃] to find (something nice)
le garage [garaʒ] garage
facilement *adv* [fasilmã] easily
exactement *adv* [egzaktəmã] exactly
vous descendez à gauche [vudesãdeagoʃ] you go down toward the left
les feux *m pl* [...fø] traffic lights
jusqu'à [ʒyska] up to
vous allez jusqu'aux feux [vuzaleʒyskofø] you go up to the traffic lights

vous tournez à droite [vuturneadrawt] you turn right
le rond-point [lərɔ̃pwɛ̃] traffic circle
c'est en face [sɛtɑ̃fas] it's opposite, it's on the other side
le loyer [ləwaje] rent

le loyer est de combien? how much is the rent?
raisonnable *m/f* [rɛzɔnabl] reasonable
bon, eh bien! O.K., well
regretter [rəgrete] to be sorry
la clé [kle] key
je suis désolé, -e [. . .dezɔle] I am sorry

l'appartement *m* [lapartəmɑ̃] apartment
l'immeuble *m* [limœbl] building
l'entrée *f* [lɑ̃tre] entrance
le couloir [kulwar] hall, corridor
la salle de séjour [saldəseʒur] living room
la salle à manger [salamɑ̃ʒe] dining room
le balcon [balkɔ̃] balcony
la terrasse [teras] terrace
les toilettes *f pl* [twalɛt] toilets
les W.-C. *m pl* [levese,ledublə vese] water closet
le lavabo [lavabo] washbasin
la baignoire [beɲwar] bath tub
louer [lwe] to rent
la vente [vɑ̃t] sale
le prix de vente [pridvɑ̃t] sale price
l'achat *m* [laʃa] purchase
la location [lɔkasjɔ̃] rental
l'ascenseur *m* [lasɑ̃sœr] elevator
le sous-sol [susɔl] basement
ancien, -enne [ɑ̃sjɛ̃/-jɛn] old
sombre *m/f* [sɔ̃br] dark
bon marché *m/f* [bɔ̃marʃe] cheap
clair, -e [klɛr] bright, light
le chemin [ʃmɛ̃] way

demander son chemin to ask one's way
pardon, pour aller à la gare? [pardɔ̃puralealagar] excuse me, can you tell me the way to the station?
indiquer le chemin [ɛ̃dikeləʃmɛ̃] to tell someone how to get to. . .
l'itinéraire *m* [litinerɛr] itinerary, route
continuer [kɔ̃tinɥe] to go on, to continue
vous continuez jusqu'à you keep going until. . .
après les feux after the traffic lights
vous traversez l'avenue you cross the avenue
le boulevard boulevard
gratuit, -e [gratɥi/-ɥit] free
difficile *m/f* [difisil] difficult
le plan [plɑ̃] map
diriger [diriʒe] to direct
le parking [parkiŋ] parking lot
privé, -e [prive] private
le quartier [kartje] district, quarter, sector
calme *m/f* [kalm] calm
le centre d'enseignement [. . .ɑ̃sɛɲəmɑ̃] school
le centre culturel [ləsɑ̃trkyltyrɛl] cultural center
rejoindre [rəʒwɛ̃dr] to go and see
le propriétaire [prɔprietɛr] owner

l'affaire *f* **de la semaine** the best buy of the week
villa à louer villa to rent, house with garden to rent

proche *m/f* nearby
la pièce room

UNITÉ 4, Leçon 4 L'installation

Exercice 1 : Transformez en employant un pronom possessif, comme dans le modèle :

— *A qui est ce pull ? A ta sœur ?*
— *Non, il n'est pas à elle.* **Ce n'est pas le sien.**

1. Il est à Gilles et Brigitte, ce chien ?
   — Oui, il est à eux. C'est . . . .

2. — C'est ton blouson de cuir, ça ?
   — Oui, il est à moi. C'est . . . .

3. — Et ces cigarettes, elles sont à toi ?
   — Non, elles ne sont pas à moi. Ce ne sont

4. — Elles sont à ton père, ces cigarettes ?
   — Oui, elles sont à lui. Ce sont . . . .

5. — Et ces disques, ils sont à Brigitte et Isabelle ?
   — Oui, ils sont à elles. Ce sont . . . .

Exercice 2 : Complétez en mettant un pronom possessif, comme dans le modèle :

Je n'ai pas mon appareil photo. Est-ce que tu as **le tien** *?*

1. Marie-Claude a son sac mais Anne a oublié . . . .
2. Pour aller à Roscoff, les campeurs n'ont pas pris la voiture des fermiers : ils ont pris . . . .
3. Nous, nous montons notre tente sous les arbres. Vous, vous monterez . . . . près de la rivière.
4. Nous avons notre salle de bains, et nos enfants ont . . . .
5. Venez avec vos amis ; nous, nous viendrons avec . . . .
6. Moi, je gonfle mon matelas, toi, tu gonfles . . . .
7. Tiens, je t'ai acheté tes cigarettes. — Et moi, tu m'as acheté . . . . ?
8. Moi, j'ai fini de manger mes crêpes. Dépêchez-vous de manger . . . .
9. Nous avons passé nos vacances en Irlande. Et vos amis, où ont-ils passé . . . . ?
10. Nous avons votre adresse. Est-ce que vous voulez . . . . ?

Exercice 3 : Rayez les réponses qui ne conviennent pas.

1. Tu as des amis ? — Très. — Un peu. — Pas beaucoup. — Beaucoup.
2. Il a plu ? — Beaucoup. — Pas trop. — Un peu. — Très.
3. Il a fait froid hier ? — Beaucoup. — Pas trop. — Très.
4. Vous aimez danser ? — Pas beaucoup. — Très. — Un peu.
5. Tu as sommeil ? — Très. — Beaucoup. — Un peu.

Exercice 4 : En employant FAIRE (qui remplace d'autres verbes)
complétez les phrases suivantes, et indiquez le verbe remplacé, comme dans le modèle :

Pierre, 1,70 m   Paul, 1,66 m.
Pierre fait 4 cm de plus que Paul. (MESURER)

Les pommes . . . . (. . . . .)

M. Pellicier . . . . (. . . . .)

Les deux lits . . . . (. . . . .)

Exercice 5 : Corrigez les informations fausses, comme dans le modèle :

Pays	Superficie	Population
France	550 000 km^2	53 millions
R.F.A.	248 000 km^2	62 millions
Italie	301 000 km^2	57 millions
Espagne	504 000 km^2	37 millions
Belgique	30 513 km^2	10 millions
Suisse	41 293 km^2	6,3 millions

La R.F.A. a autant d'habitants que la France.
C'est faux : la R.F.A. a plus d'habitants que la France. Elle a 9 millions d'habitants de plus.

1. La R.F.A. est plus grande que l'Italie.

   C'est faux : .... Elle a ....

2. L'Espagne est plus grande que la France.

   C'est faux : .... Elle fait ....

3. La Belgique a moins d'habitants que la Suisse.

   C'est faux : .... Elle a ....

4. L'Espagne a autant d'habitants que l'Italie.

   C'est faux : .... Elle a ....

Exercice 6 : (Phonétique).

Dans l'introduction du texte relevez les mots contenant le son [ɛ̃] et le son [ɑ̃].

1. [ɛ̃] ....

2. [ɑ̃] ....

Exercice 7 : Répondez vrai ou faux **et corrigez les erreurs.**

1. Tous les meubles sont dans le camion.
2. Gérard est d'accord pour donner sa chambre à Virginie.
3. Le placard de Virginie est trop grand. : elle n'a pas beaucoup de vêtements.
4. Les deux chambres ont un lavabo.
5. Les cartons que Virginie va porter sont moins lourds que les caisses.
6. L'armoire est trop large pour le couloir.

Exercice 8 : Répondez aux questions suivantes sur le texte.

1. Est-ce que les Pellicier sont en train d'emménager ou de déménager ?
2. Que font les déménageurs ? Les parents ? Les enfants ?
3. Pourquoi les enfants se disputent-ils ?
4. Décrivez la chambre blanche et la bleue.
5. Pourquoi Virginie veut-elle l'autre chambre ?
6. Pourquoi Gérard préfère-t-il la sienne ?
7. Que demande Mme Pellicier aux enfants ?
8. Virginie préfère porter les cartons ? Pourquoi ?
9. L'armoire ne passe pas. Dites pourquoi.
10. Qu'y a-t-il dans le carton que porte Virginie ?

VOCABULAIRE/VOCABULARY

l'installation *f* [lɛ̃stalasjɔ̃] settling in
le camion [kamjɔ̃] van, truck
le déménageur [demenaʒœr] mover
le camion des déménageurs moving van
la caisse [kɛs] crate
le carton [kartɔ̃] cardboard box
à l'intérieur [alɛ̃terjœr] inside
installer les meubles [ɛ̃stalelemœbl] to arrange
  the furniture
se disputer [sədispyte] to quarrel
le placard [plakar] cupboard, closet
garder [garde] to keep
tu gardes la tienne [tygardlatjɛn] you keep yours
plus grand, -e que [plygrɑ̃(d)kə] bigger than
pareil, -eille [parɛj] same, alike
autant que [otɑ̃kə] as many as

de ce côté [dəsəkote] on this side
de l'autre côté [dəlotrkote] on the other side
arrêtez de vous disputer! [areted(ə)vudispyte]
  stop quarreling!
rentrer les cartons [rɑ̃trelekartɔ̃] to bring in the
  boxes
fort, -e [fɔr/-t] strong
moins fort, -e que [mwɛ̃. . .] not as strong as
lourd, -e [lur/-d] heavy
porter [pɔrte] to carry
l'armoire *f* [larmwar] wardrobe
l'armoire ne passe pas the wardrobe won't go
  through
étroit, -e [etrwa/-t] narrow
par l'extérieur [parlɛksterjœr] through the
  outside

le déménagement [demenaʒmɑ̃] the removal
l'action *f* [laksjɔ̃] action
emménager [ɑ̃menaʒe] to move in
l'emménagement *m* [lɑ̃menaʒmɑ̃] the moving in
charger [ʃarʒe] to load
décharger [deʃarʒe] to unload
le rangement [rɑ̃ʒmɑ̃] putting in order
le mobilier [mɔbilje] furniture
le lit [li] bed
la table de nuit [tabldənɥi] bedside table
l'étagère *f* [letaʒɛr] shelf (shelves)

le contraire [kɔ̃trɛr] the opposite
court, -e [kur/-t] short
léger, -ère [leʒe/-ʒɛr] light
bas, basse [ba/-s] low
plein, -e [plɛ̃/-ɛn] full
différent, -e [diferɑ̃/-t] different
la quantité [lakɑ̃tite] quantity
se mettre à faire [səmɛtrafɛr] to start to do/doing
continuer de faire [kɔ̃tinɥe. . .] to go on to
  do/doing
arrêter de faire [arete. . .] to stop doing

les meubles *m pl* furniture
solide *m/f* robust, solid

utile *m/f* useful

UNITÉ 4, Leçon 5 *Le méchoui*

Exercice 1 : Complétez avec QUI, QUE, OÙ.

— Une région .... j'aime bien aller, c'est la Bretagne.

— Moi aussi. C'est une région .... j'aime bien.

— Vous connaissez la petite route .... va de Morlaix à Roscoff ?

— Bien sûr, c'est la route .... je prends pour aller chez des amis .... j'ai à Roscoff.

— Ah, vous connaissez Roscoff ?

— Oui, c'est près de l'endroit .... je passe mes vacances l'été.

Roscoff, c'est la ville .... je préfère.

Exercice 2 : Complétez avec DÉJÀ, PAS ENCORE, BIENTÔT, PRESQUE.

1. — Maman, j'ai faim.

— Attends. Le repas n'est .... prêt.

2. — Papa n'est .... rentré ?

— Non, mais il va .... arriver.

3. — Il n'est .... 7 heures ?

— Il est .... 7 heures. Il est exactement 7 heures moins deux.

4. — Tu connais ce film ?

— Oui, je l'ai .... vu.

Exercice 3 : Complétez avec BON, BIEN, MIEUX, LE MIEUX, MEILLEUR, LE MEILLEUR.

— Pouvez-vous m'indiquer un .... restaurant ?

— Allez au Restaurant du Lac. Vous verrez, on y mange ....

— Par où on passe pour y aller ?

— ...., c'est de prendre la route de Florac.

— Et c'est vraiment un .... restaurant ?

— C'est .... du pays. Et cette année, on y mange encore .... que l'année dernière. C'est le fils qui fait la cuisine. Il est .... cuisinier que son père.

Exercice 4 : Regardez le tableau de l'exercice 5 de la leçon 4.

Dites quel est le pays / le plus grand / le plus petit, / le pays qui a le plus d'habitants / le moins d'habitants.

1. Le pays qui est ....

2. ....

3. ....

4. ....

Exercice 5 : Répondez comme dans le modèle, en employant des superlatifs :

— *Pourquoi est-ce que vous ne prenez pas cette route ? (mauvaise)*
— *Parce que c'est la route la plus mauvaise.*

1. — Pourquoi est-ce que vous aimez beaucoup cette région ? (belle) — ....

2. — Pourquoi est-ce que tu as acheté cette moto ? (rapide) — ....

3. — Pourquoi allez-vous dans ce restaurant ? (bon) — ....
4. — Pourquoi vos enfants vont-ils à cette école ? (bonne) — ....
5. — Pourquoi est-ce que vous prenez vos vacances au printemps ? (saison calme) — ....
6. — Pourquoi est-ce que vous ne passez pas par la route des gorges ? (dangereuse) — ....

Exercice 6 : Relevez dans le texte les adjectifs se rapportant à la nourriture, aux paysages, aux gens :

nourriture : ....

paysages : ....

gens : ....

L'un des adjectifs associés au paysage peut également qualifier les gens et la nourriture. Lequel ?

....

Exercice 7 : Répondez vrai ou faux et corrigez les erreurs.

1. Des voisins ont invité les Pellicier et leurs amis.
2. Un méchoui c'est un mouton qu'on fait cuire dans un four.
3. Tous les invités qui sont là travaillent chez IBM.
4. Pour les Pellicier, la vie est plus agréable dans le Midi que dans la région parisienne.
5. Un gigot au four, c'est moins bon qu'un méchoui.
6. La route par Alès n'est pas très intéressante mais elle est rapide.
7. La route par Ganges est mieux que la route par Alès.
8. Denis connaît bien la route parce qu'il est de la région.

Exercice 8 : Répondez aux questions suivantes sur le texte.

1. Que se passe-t-il chez les Pellicier ?
2. Que vont manger les invités ?
3. Qu'est-ce que c'est un méchoui ?
4. Est-ce que les Pellicier sont contents d'être à Montpellier ?
5. Est-ce qu'ils sont mieux là que dans la région parisienne ?
6. Pourquoi ?
7. Pourquoi est-ce qu'on conseille aux Pellicier d'aller au Parc National des Cévennes ?
8. Comment y va-t-on ?
9. On leur conseille une autre route. Est-ce mieux ou moins bien ?
10. Relevez les mots ou les phrases qui donnent envie de visiter cette région.

VOCABULAIRE/VOCABULARY

le méchoui [meʃui] lamb roast
recevoir [rəsəvwar] to entertain, to have guests
le mouton [mutɔ̃] sheep
le couvert [kuvɛr] knives and forks
présenter [prezɑ̃te] to introduce
le service développement [sɛrvisdev(ə)lɔpmɑ̃]
    development department
enchanté, -e de faire votre connaissance
    [ɑ̃ʃɑ̃tedəfɛrvɔtrkɔnɛsɑ̃s Pleased to meet you

je suis bien ici [ʒəsɥibjɛ̃nisi] I like it here
heureusement *adv* fortunately
mieux *adv* [mjø] better
sûr, -e [syr] sure
aller voir to go and see
aller chercher to go get, get
également *adv* [egalmɑ̃] also
couper [kupe] to carve
le gigot [ʒigo] leg of lamb

72

ça vous ça? [savusa] is that all right for you?
c'est parfait! [sɛparfɛ] it's perfect!
délicieux, -euse [delisjø/-øz] delicious
bien meilleur, -e [bjɛ̃mɛjœr] far better
excellent, -e [ɛksɛlã/-t] excellent
déjà [deʒa] already
malheureusement *adv* [malørøzmã]
    unfortunately
pas encore [pazãkɔr] not yet
la promenade [prɔmnad] outing, trip
magnifique *m/f* [maɲifik] magnificent

le parc national [parknasjɔnal] national park
absolument *adv* [absɔlymã] absolutely
par où on passe? how do we get there?
rapide *m/f* [rapid] fast
la route la moins intéressante
    [larutlamwɛ̃zɛ̃teresãt] the least interesting road
passer par to go through
comme ça [kɔmsa] that way
la gorge [gɔrʒ] gorge
merveilleux, -euse [mɛrvɛjø/-øz] marvelous

la réception [resɛpsjɔ̃] party, reception
l'invitation *f* [lɛ̃vitasjɔ̃] invitation
faire les présentations [fɛrleprezãtasjɔ̃] to make
    the introductions
discuter [diskyte] to discuss
la discussion [diskysjɔ̃] discussion
la sortie [sɔrti] outing
la rivière [rivjɛr] river
le lac [lak] lake
splendide *m/f* [splãdid] splendid
la taille [taj] size
il pèse le plus lourd [ilpɛzləplylur] he weighs the
    most
le saut en hauter [soãotœr] high jump
sauter [sote] to jump
mesurer [məzyre] to measure
elle mesure 1,79 m she is 1.79 meters tall
l'haltérophilie *f* [lalterɔfili] weight lifting

soulever [sulve] to lift
le bulletin scolaire [byltɛ̃skɔlɛr] school report,
    report card
la moyenne [mwajɛn] average
l'auto-stop *m* [lɔtɔstɔp] hitchhiking
le métro [metro] subway
la station [stasjɔ̃] station
la direction [dirɛksjɔ̃] direction
le téléviseur couleur [televisœrkulœr] color
    television
la marque brand
la fabrication [fabrikasjɔ̃] make
le service après-vente customer service
le son [sɔ̃] sound
le résultat [rezylta] result
l'appréciation *f* [lapresjasjɔ̃] evaluation
le poste [pɔst] television set

le circuit tour
á proximité de near
le cirque amphitheater

certains soirs certain evenings
la nocturne evening show
le site site

Bilan 4/Review 4

C **le centre historique** historical center
    bien des choses quite a few things
    particulier, ière private
    l'hôtel particulier mansion
    qui font le charme de la ville which create the
      charm of the city
    le séjour stay
    sentir l'atmosphère *f* to feel the atmosphere
    se promener to go for a walk
    l'animation *f* activity
    le centre d'animation center of activity
    le château d'eau water tower
    dominant le sud de la ville overlooking the south
      of the city
    l'aqueduc *m* aquaduct

l'arche *f* arch
amener to bring
occouper to cover
souffrir to suffer
au cours des âges throughout the ages
la façade facade
la tour tower
la nef nave
gothique *m/f* gothic
méridional, -e southern
faire la fierté de la ville to be the pride of the city
le témoignage testimony
le romantisme romanticism
le réalisme realism
le naturalisme naturalism

SOMMAIRE DE L'UNITÉ
Unité 4 (leçons 16 à 20)

N° et titre des leçons	Objectifs de communications	Phonétique	Vocabulaire/thèmes	Grammaire
IV - 1 *Les Pellicier déménagent*	*localiser dans l'espace* *situation géographique* définir un projet (à moyen terme) exprimer son désaccord exprimer un besoin, une nécessité	opposition [ʃ] / [ʒ]	le travail, la vie professionnelle les études les moyens de locomotion, les voyages l'orientation la date	le futur avoir à, falloir pour pourquoi? (la cause, le but)
IV - 2 *Vivre à Montpellier*	*situer géographiquement* (suite) *décrire, prévoir le temps* (météo) donner une appréciation, un avis sur un lieu, un espace donner son accord exprimer son désaccord [2]	opposition [s] / [z]	le temps (météo) les saisons localisations donner son avis	qui - relatif sujet tout - adjectif indéfini le futur (suite): pouvoir et voir quelqu'un/personne, quelque chose/rien
IV - 3 *A la recherche d'une villa*	*demander, indiquer un chemin* décrire le logement exprimer sa satisfaction, son plaisir, son mécontentement	opposition [f] / [v]	le logement, la maison vendre, acheter, louer les itinéraires	que - relatif, complément d'objet direct les adverbes en -ment c'est... qui / c'est... que
IV - 4 *L'installation*	*exprimer la comparaison* exprimer son désaccord [3] contredire	opposition [p] / [b]	le mobilier le déménagement les contraires (dimensions, espace) commencer, continuer, finir	les comparatifs les pronoms possessifs
IV - 5 *Le méchoui*	*exprimer l'intention, le souhait, la préférence* apprécier décrire un itinéraire présenter quelqu'un, se présenter	opposition [t] / [d]	la table les réceptions les «sorties» expression du temps (adverbes) expression de la qualité (adverbes)	les superlatifs où (relatif)
Bilan 4	C) Images pour... (civilisation)	La ville de Montpellier	D) Conjugaisons	(Présent, futur, passé composé, impératif...)

UNIT SUMMARY
Unit 4 (lessons 16-20)

Number and title of lesson	Communication objectives	Phonetics	Vocabulary/themes	Grammar
IV - 1 *Les Pellicier déménagent* (The Pelliciers are moving)	*Locating in space geographically* Defining a project Expressing disagreement Expressing a need, a necessity	Opposition [ʃ] / [ʒ]	Work and professional life Studies Means of transportation, trips Orientation The date	The future tense To have to, to be necessary to, in order to Why? **(Pourquoi?)** (the cause, the objective)
IV - 2 *Vivre à Montpellier* (Living in Montpellier)	*Locating in space geographically (continued)* *Describing, forecasting the weather* Giving one's opinion about a place Agreeing Expressing disagreement [2]	Opposition [s] / [z]	The weather The seasons Positions in space Giving one's opinion	who, relative pronoun all, quantitative adjective the future tense (continued) «pouvoir» (to be able to) and «voir», (to see) someone/no one something/nothing
IV - 3 *A la recherche d'une villa* (Looking for a house)	*Asking for, indicating the way* Describing the accommodation Expressing one's satisfaction, one's pleasure, one's dissatisfaction	Opposition [f] / [v]	Housing, the house To sell, to buy, to rent Directions	That, relative pronoun, direct object Adverbs in "**ment**" **C'est... qui/c'est... que**
IV - 4 *L'installation* (Settling in)	*Expressing comparison* Expressing disagreement [3] Contradicting	Opposition [p] / [b]	Furniture The removal Opposites [dimensions, space] **Commencer** = to start **continuer** = to continue **finir** = to finish	The comparative Possessive pronouns
IV - 5 *Le Méchoui* (A barbecue Party)	*Expressing intention, wish, preference* Appreciating Describing an itinerary Introducing someone, introducing oneself	Opposition [t] / [d]	The table Home parties Outings Time expressions [adverbs] Expression of quality (adverbs)	The superlative Where (relative adverb)
Review 4	C) Pictures for... (civilization)	The town of Montpellier	D) Conjugations	Present, future, perfect, imperative...

KEY WORDS AND COMMANDS

KEY WORDS* AND COMMANDS†

FRENCH	ENGLISH
ACCEPTEZ	ACCEPT
Accord	Agreement
ACCORDEZ	MAKE AN AGREEMENT
AIDEZ (votre voisin / le / la / à faire les courses)	HELP (your neighbor to do the shopping)
Aidant (en vous aidant) d'un dictionnaire	Using a dictionary
Aide-mémoire	Reminder (literally, memory-help)
AJOUTEZ	ADD
ALLEZ faire les courses	GO and do the shopping
ANALYSEZ (un document / le bulletin scolaire)	ANALYSE (a document / the report card / school-report)
Animateur (l') présente les concurrents	The emcee introduces the contestants
Annonce (de mariage)	Announcement of marriage
APPORTEZ un cadeau	BRING a gift
APPRENEZ	LEARN
Attention!	Be careful!
CHERCHEZ (le meilleur itinéraire)	LOOK FOR (the best itinerary)
CHOISISSEZ (la bonne réponse / au hasard / votre menu)	CHOOSE (the correct answer / at random / your meal)
CLASSEZ	CLASSIFY
Comme dans le modèle	As in the model
COMMENTEZ ce tableau	COMMENT on this table
COMPAREZ (l'âge / la taille / le poids / les résultas / les personnages)	COMPARE (age / height / weight / results / characters)
COMPLÉTEZ (les questions / les phrases suivantes / la fiche / le «script-board» / en mettant «bien» ou «bon» / en faisant l'accord / en mettant le verbe à la forme qui convient / avec l'adjectif qui convient / avec un article / un verbe)	COMPLETE (the questions / the following sentences / the form / the script board / putting in ''well'' or ''good'' / making the agreement / putting the verb in the appropriate form / with the appropriate adjective / with an article, a verb)
CONSEILLEZ votre voisin(e)	ADVISE your neighbor
CONTINUEZ	CONTINUE
CORRIGEZ les erreurs	CORRECT the errors
DÉCRIVEZ (les photos / les dessins / le «collage» / votre voisin(e) / vous / les personnages / un plat de votre pays / le climat)	DESCRIBE (the photos / the drawings / the collage / your neighbor / yourself / the characters / a dish from your country / the climate)
DEMANDEZ (à votre voisin / l'heure / un renseignement / un article / un prix)	ASK (your neighbor for / the time / information / an article / a price)
DÉFINISSEZ les mots suivants	DEFINE the following words
DIALOGUEZ	CONVERSE
Dictionnaire	Dictionary
DITES (ce que vous (n')aimez (pas) / vos goûts / vos préférences / le contraire)	TELL or SAY (what you (don't) like / your tastes, your preferences / the opposite)
DONNEZ (l'heure / des noms à chaque personnage / le règlement correspondant aux panneaux / des rendez-vous / votre avis)	GIVE (the time / names to each character / the rule corresponding to the signs / appointments / your opinion)
ÉCOUTEZ	LISTEN
ÉCRIVEZ (le contraire / l'heure selon le modèle / au futur les verbes entre parenthèses / les nombres en lettres / une publicité / une recette / le verbe à la forme qui convient / par écrit)	WRITE (the opposite / the time according to the model / the verbs in brackets in the future tense / the numbers in words / an advertisement / a recipe / the verb in the appropriate form / in writing)

* designated by initial capital letters
† designated by all capital letters

EMPLOYEZ	EMPLOY, USE
Emploi de	Use of
En employant	Employing, using
ÉPELEZ	SPELL
ESSAYEZ de noter	TRY to note
Est-ce que?	Formation of the interrogative
ÉTUDIEZ	STUDY
EXEMPLE (suivant l'..., comme dans l'...)	EXAMPLE (following the example / as in the example)
Explication	Explanation
EXPLIQUEZ	EXPLAIN
Extrait	Excerpt
FAITES (les parler / parler les personnages / des phrases en commençant par... / un «mot» / une lettre / une phrase selon le modèle / un bulletin météo / une affiche / un résumé / un dessin / l'accord / le guide / votre liste de courses)	MAKE (them talk / the characters talk / some sentences starting with / a word / a letter / a sentence according to the model / a weather bulletin / a poster / a summary / a drawing / an agreement / act as guide / your shopping list)
FIXEZ (un rendez-vous / une date)	MAKE OR FIX (an appointment, a date)
Images pour	Pictures for
IMAGINEZ (le dialogue / la situation / les liens de parenté)	IMAGINE (the dialogue / the situation / the family relationships)
INDIQUEZ (précisément le chemin / un emplacement / un itinéraire)	INDICATE (the exact route / a location / an itinerary)
Inspirer de (s')	Imitating
INTERROGEZ (votre voisin(e) / sur ses goûts / le / sans être indiscret!)	ASK (your neighbor about his tastes / him, without being indiscreet)
INVITEZ (votre voisin(e) / à dîner / à venir à un concert / à prendre un «verre» / à goûter un plat de votre pays)	INVITE (your neighbor / to dinner / to come to a concert / for a drink / to try a dish from your country)
JEU (de rôle / de mime / du portrait / du téléphone / du chef)	GAMES (role play / mime game / portrait game / telephone game / play the boss)
JOUEZ la scène	ACT out the scene
LAISSEZ vos instructions	LEAVE your instructions
Liaisons	Liaisons
LISEZ	READ
Lit (il) la notice	He is reading the instructions
MARQUEZ les liaisons	MARK the liaisons
METTEZ (l'adjectif à sa place / en ordre / le verbe / l'adjectif / à la forme qui convient / au pluriel / au singulier)	PUT (the adjective in its place / in order / the verb / the adjective / in the appropriate form / in the plural / in the singular)
Mime	Mime
MIMEZ des professions	MIME the professions
Mimique	Mimicry
Modèle (suivant le... comme dans le...)	Model (following the model / as in the model)
Mot	Word
Mot «mystérieux»	''Mystery'' word
NOTEZ (les réponses / les différences / les syllabes)	NOTE (the answers / the differences / the syllables)
Notice	Instruction for use
Oralement	Orally
ORGANISEZ un concours (de poésie, de dessin)	ORGANIZE a contest (poetry, drawing)
Orthographe	Spelling
Parasite	Parasite (sponger)
Parenthèse	Parenthesis, bracket

PARLEZ de vous, de vos projets	SPEAK about yourself, your plans
PASSEZ votre commande	GIVE your order
Phrase	Sentence
POSEZ (des questions / la question qui porte sur les mots soulignés / sur le groupe souligné / qui donnent les réponses suivantes)	ASK (questions / the question referring to the underlined words / the underlined phrase / corresponding to the following answers)
PRENEZ un dictionnaire, une carte	TAKE a dictionary, a map
PRÉSENTEZ (-vous, / les / votre voisin(e) / votre pays / votre entreprise / votre famille)	INTRODUCE (yourself, them / your neighbor, your country / your company, your family)
Prononciation	Pronunciation
Publicité	Publicity
Que dit le personnage?	What is this person saying?
Quel (à) conseil de prudence peuvent correspondre ces panneaux?	What safety advice might these signs correspond to?
Quel (à) ordre correspondent ces signaux?	What command do these signals correspond to?
Quels sont les noms / les adjectifs qui peuvent convenir?	Which nouns or adjectives fit?
Qu'est-ce que c'est?	What is it?
Qu'est-ce que vous aimez?	What do you like?
Qu'est-ce qu'ils disent?	What are they saying?
Qu'est-ce qu'il fait?	What is he doing?
Qu'est-ce qu'il prend?	What is he having?
Question	Question
Qui dit quoi?	Who is saying what?
Qui est-ce?	Who is it?
Qui (à) est-ce?	Whom does it belong to?
Quoi?	What?
RACONTEZ (une journée / un accident)	TELL ABOUT / RECOUNT (the day's events / an accident)
RAYEZ (les lettres qui ne se prononcent pas / les erreurs)	CROSS OUT (the letters that are not pronounced / the errors)
RÉCITEZ	RECITE
RECONNAISSEZ	RECOGNIZE / IDENTIFY
RECOPIEZ	COPY OUT / RECOPY
RÉÉCRIVEZ	REWRITE
REGARDEZ (la bande dessinée / le dessin / la photo / l'agenda / l'emploi du temps / les documents ci-dessus / les programmes / les panneaux / la carte / le plan de métro)	LOOK AT (the cartoon, the comic strip / the drawing / the photo / the agenda / the schedule / the above documents / the programs, programmes / the signs / the map / the map of the subway)
RELEVEZ un mot, une liaison	PICK OUT a word, a liaison
RELIEZ	LINK
RELISEZ le texte	REREAD the text
REMETTEZ dans l'ordre	PUT BACK in order
REMPLACEZ les mots, les noms soulignés	REPLACE the words, the underlined nouns
REMPLISSEZ selon le modèle	FILL IN according to the model
Rendez-vous	Appointment
RÉPÉTEZ	REPEAT
RÉPONDEZ (aux questions / par écrit / par oui ou non / par vrai ou faux)	ANSWER (the questions / in writing / yes or no / true or false)
Réponse, plusieurs réponses sont possibles	Answer, several answers are possible
Résumé	Summary
RÉSUMEZ	SUMMARIZE

SALUEZ votre voisin(e)	GREET your neighbor
Selon le modèle	According to the model
Sens	Meaning
SERVEZ VOUS d'un dictionnaire	USE a dictionary
SITUEZ (votre pays / votre ville / par rapport à)	LOCATE (your country / your city / in relation to)
SOULIGNEZ	UNDERLINE
SUGGÉREZ	SUGGEST
Suite	Continuation
Suivant le modèle	Following the model
Sur ces modèles	Following these models
Syllabe	Syllable
Tableau	Table; chart
Témoin	Witness
TERMINEZ les phrases	COMPLETE the sentences
Texte complémentaire	Complementary text
TRADUISEZ ses mimiques	TRANSLATE his sign language
TRANSFORMEZ en vous aidant du tableau	TRANSFORM by using the table
TROMPER (se)	TO MAKE A MISTAKE
TROUVEZ (la bonne réponse / les questions / les phrases / les pronoms qui manquent / le pays / la ville / le lieu)	FIND (the correct answer / the questions / the sentences / the missing pronouns / the country / the city / the place)
UTILISEZ, en utilisant	USE, using
VERIFIEZ les affirmations suivantes	Check the following statements
Victime	Victim
Voisin, voisine	Neighbor
VOLEZ un objet	STEAL an object
Voleur / au voleur!	Thief / stop thief!

GRAMMATICAL TERMS

Grammatical Terms

FRENCH	ENGLISH	EXAMPLES
accord (1.5, etc.)	**agreement**	un **grand** jardin, une **grande** maison, les **grandes** vacances
adjectif qualificatif épithète (1.5; 2.1) attribut (1.5; 2.1)	**qualifying adjective** attributive predicative	un **bon** film la fleur est **belle**
adjectif démonstratif (2.4) indéfini (4.2) possessif (2.4; 2.5)	**adjective** demonstrative indefinite possessive	**ce** livre, **cet** arbre, **cette** ville **tout, toute, tous, toutes** **mon** livre, **ma** bicyclette, **mes** chaussures
adverbe (4.3; 4.5)	**adverb**	facilement, bien
alphabet (Bilan 1)	**alphabet**	a,b,c,d...
appartenance (2.4; 2.5)	**possession**	ce livre est **à moi**
auxiliaires (verbes) (1.3; Bilan 1)	**auxiliary** verbs	avoir, être
article défini (1.1; 1.2; 1.5) indéfini (1.4; 1.5) partitif (2.2)	**article** definite indefinite partitive	**le** parc, **la** table, **les** journaux **un** parc, **une** table, **des** journaux j'achète **du** pain et **de la** bière
comparatif (4.4) de supériorité d'infériorité d'égalité	**comparative** of superiority of inferiority of equality	cette robe est... **plus** belle **que**/ **moins** belle **que**/ **aussi** belle **que**...l'autre
complément du nom (1.5) d'objet direct (1.4) d'objet indirect (1.2)	**noun complement** direct object indirect object	les œuvres **de Mozart** il veut **un café** il dit bonjour **au concierge**
conjugaison (Bilan 1,2,3,4)	**conjugation**	**je** lis, **tu** lis, etc.
consonne (2.2)	**consonant**	b,c,d,f, etc.
constructions	**structures**	verbe + nom, verbe + verbe...
coordination (1.2)	**conjunction**	les enfants **et** les parents
démonstratifs (cf. adjectifs)	**demonstratives** (see adjective)	
épithète (cf. adjectif)	**attributive** (see adjective)	
exceptions	**exceptions**	
féminin (1.1, 1.2)	**feminine**	**la** fille, **la** table
formation	**formation** of adverbs	
futur (4.1, 4.2) futur proche (3.5)	**future** the "going to" form	je **regarderai** je **vais regarder**
genre (1.1)	**gender**	le livre *m*, la chaise *f*
indéfini (cf. adjectif, article, pronom)	**indefinite** (adjective, article, pr.)	
indicatif (Bilan 1)	**indicative**	
infinitif (1.3)	**infinitive**	prend**re**, mont**er**, part**ir**...
insister sur... (4.2; 4.3)	**emphatic structures**	**c'est** le livre **que** j'ai cherché **c'est... qui...**
interrogation (1.3; 1.4) sur le lieu (3.1) sur l'appartenance (2.4)	**interrogation** about place about the possessor	est-ce qu'il vient?/il vient?/vient-**il**? **où**...? **à qui**...?
intonation (1.4)	**intonation**	vous voulez une cigarette**?**
invariable	**invariable**	
inversion (1.4)	**inversion**	voulez-**vous** une cigarette?
impératif (3.2; 3.3; 3.4)	**imperative**	viens! écoutez!

FRENCH	ENGLISH	EXAMPLES
liaison	**liaison**	mes‿amis
masculin	**masculine**	**le** livre, **un** homme
négation (1.3; 2.2; 3.2; 3.3)	**negation**	il **ne** vient **pas**
nom (1.5)	**noun**	la **ville**
nombre (Bilan 1)	**number**	1,2,3,4...
objet	**object**	
obligation	**obligation**	il faut
orthographe	**spelling**	
passé composé (3.3; Bilan 4)	**perfect**	**j'ai** dit, **je suis** parti
passé récent (3.5)	**recent past**	**je viens de** manger
participe passé (3.3; Bilan 3)	**past participle**	fait, mangé
partitif (cf. article)	**partitive**	
personne première deuxième troisième	**person** first second third	**je** mange **tu** manges **il/elle** mange
pluriel (1.5)	**plural**	**les** livres
possessifs (cf. adjectifs, pronoms)	**possessives** (see adjectives, pronouns)	
présent (Bilan 1) **présent continu** (3.5)	**present** **present progressive**	je danse je suis **en train de** lire
préposition	**preposition**	**chez** la boucher
présentatifs	**introduction phrases**	**voici/voilà, c'est...**
pronom indéfini (4.2) interrogatif (4.5) personnel - pron. pers. sujet (Bilan 3) - pron. pers. complément direct (Bilan 3) - pron. pers. complément indirect (Bilan 3) - pron. pers. d'insistance (3.1) - relatif (4.2; 4.3) - possessif (4.4) - tonique	**pronoun** indefinite interrogative personal subject personal pronoun direct object personal pronoun indirect object personal pronoun emphatic personal pronoun relative pronoun possessive pronoun stressed pronoun (commands)	**quel'qu'un, quelque chose qui? qu'est-ce qui?** **je, tu, il** je **les** vois on **me** parle **moi, toi, lui** la femme **qui...** la voiture **que** j'ai vue c'est **le mien** donne-**moi**
qualificatif (cf. adjectif)	**qualifying adjective**	
relatif (cf. pronom)	**relative pronoun**	
singulier	**singular**	
subordonnée (4.2)	**subordinate** clause	**quand j'ai faim**, je mange
sujet	**subject**	
superlatif (4.5) de supériorité d'infériorité	**superlative** of superiority of inferiority	il est **le plus** grand il est **le moins** sympathique
terminaison	**endings**	nous regard**ons**
variable	**variable**	
verbe	**verb**	être, regarder...
verbe pronominal	**pronominal verb**	**je me** lève
verbe irrégulier	**irregular verb**	
voyelle	**vowel**	a,e,i, etc.

FRENCH SOUNDS AND PRONUNCIATION

FRENCH SOUNDS AND PRONUNCIATION

Mute or silent *e*:

- An unaccented *e* at the end of a syllable is called a mute or silent *e*.

- At the end of a word, the mute *e* is silent:
  bande, pianiste, jupe, programme

- In words of one syllable, the mute *e* is generally pronounced:
  ce, de, je, le, me

- The mute *e* is silent within a word when two sounded consonants come together:
  médecin, mademoiselle, épeler, souvenir, sonnerie

- The mute *e* is pronounced to prevent three or more sounded consonants from coming together:
  breton, règlement, mercredi, vendredi

Final consonants:

- Most consonants at the end of a word are silent:
  blond, Beaubourg beaucoup, Lyonnais, content, prix, nez

- The consonants found in the word *careful*, *c*, *f*, *l*, *r*, at the end of a word are often pronounced:
  parc, actif, seul, coiffeur

Linking (liaison):

- When a word ending with a consonant is followed by a word beginning with a vowel or a silent *h*, the final consonant of the first word is usually sounded if the words are closely linked in meaning:
  petit‿enfant, vous‿allez, mon‿ami

- The sound of some consonants is changed in linking:
  d is pronounced like *t*:
    grand‿homme, attend-il, grand‿escalier
  s and *x* are pronounced like *z*:
    dix‿ans, sans‿enfants
  f is pronounced like *v*:
    neuf‿heures, neuf‿étudiants
  g is pronounced like *k*:
    sang‿impur

- No linking occurs with:
  - the conjunction *et* and the following words:
    vingt-et-un, Françoise et Anne, lui et elle
  - the consonant before an aspirate *h*:
    les haricots blancs, les héros, en haut

Orthographic signs and their meanings:

In French, accents do not indicate stress on a syllable. They determine the sound of the vowel over which they appear:

- The acute accent (´) is used only on *e*:
  été, thé, bonté, supermarché, cinéma

- The grave accent (`) may be used on *a*, *e*, *u*:
  voilà, père, où

- The circumflex accent (^) may be used on any vowel:
  pâte, fête, plaît, drôle, flûte

- The diaeresis (¨) placed over a vowel shows that it is pronounced separately from a preceding vowel:
  noël, naïveté

- The cedilla (¸) written under *c* softens the sound and shows that it is pronounced as *s* before *a*, *o*, *u*, and not as *k* in *cadeau*:
  garçon, ça, reçu

- The apostrophe (') indicates the omission of a vowel:
  l'enfant, l'idée, s'il, j'ai

Syllabication:

- A syllable usually begins with a consonant:
  dé/cor, ron/de, al/lons, bon/jour

- When the second of two consonant sounds is *l* or *r*, both usually belong to the following syllable:
  ta/bleau, ma/ca/bre, ven/tre

Any exceptions to these guidelines will be noted as they occur in the lessons.

TRANSCRIPTS
TO ACCOMPANY
CASSETTES

UNITÉ 1-Leçon 1:
Jacques Martineau, Pianiste

1. DIALOGUE (voir livre élève page 3)

2. SÉQUENCES DE TRAVAIL
   (Répétez après le signal)

Je m'appelle Jacques Martineau (bip) . . . .
J'ai vingt-cinq ans (bip) . . . .
Je suis pianiste (bip) . . . .
Je suis français (bip) . . . .
Je suis né à Marseille (bip) . . . .
J'habite à Paris, place de la Contrescarpe (bip) . . . . .

3. RYTHME ET INTONATION

Écoutez :

Je m'appelle Jacques Martineau
la la la ...
Je m'appelle Jacques Martineau **(répétez)**

. . . .

J'habite à Paris, place de la Contrescarpe
la la la ...
J'habite à Paris, place de la Contrescarpe **(répétez)**

. . . .

Je suis né à Marseille
la la la ...
Je suis né à Marseille **(répétez)**

. . . .

Elle s'appelle Marie Camarat
la la la ...
Elle s'appelle Marie Camarat **(répétez)**

. . . .

Il est américain
la la la ...
Il est américain **(répétez)**

. . . .

4. MÉCANISMES

Exercice 1 :
Écoutez :
ANNA INFIRMIÈRE, PARIS
Je m'appelle Anna, je suis infirmière, j'habite à Paris

HANS, MÉDECIN OSLO
Je m'appelle Hans, je suis médecin, j'habite à Oslo

CARMEN, ÉTUDIANTE, LONDRES
Je m'appelle Carmen, je suis étudiante, j'habite à Londres

A vous :

ANNA, INFIRMIÈRE, PARIS
Je m'appelle Anna, je suis infirmière, j'habite à Paris

HANS, MÉDECIN, OSLO
Je m'appelle Hans, je suis médecin, j'habite à Oslo

CARMEN, ÉTUDIANTE, LONDRES
Je m'appelle Carmen, je suis étudiante, j'habite à Londres

JACQUES MARTINEAU, PIANISTE, PARIS
Je m'appelle Jacques Martineau, je suis pianiste, j'habite à Paris

GLORIA, DENTISTE, TORONTO
Je m'appelle Gloria, je suis dentiste, j'habite à Toronto

SANDRO, ÉTUDIANT, VENISE
Je m'appelle Sandro, je suis étudiant, j'habite à Venise

Exercice 2 :
Écoutez :
HANS, MÉDECIN OSLO
Il s'appelle Hans, il est médecin, il habite à Oslo

CARMEN, ÉTUDIANTE, LONDRES
Elle s'appelle Carmen, elle est étudiante, elle habite à Londres

A vous :

HANS, MÉDECIN, OSLO
Il s'appelle Hans, il est médecin, il habite à Oslo

CARMEN, ÉTUDIANTE, LONDRES
Elle s'appelle Carmen, elle est étudiante, elle habite à Londres

ABDOU, JOURNALISTE, DAKAR
Il s'appelle Abdou, il est journaliste, il habite à Dakar

BEATRIZ, MÉDECIN, LISBONNE
Elle s'appelle Béatriz, elle est médecin, elle habite à Lisbonne

UNITÉ 1 - Leçon 2:
Bonjour, Monsieur Martineau

1. DIALOGUE (voir livre élève page 8)

2. SÉQUENCES DE TRAVAIL
   (Écoutez la séquence, puis parlez après le signal)

a) — Bonjour, Monsieur Lenoir. Ça va ?
   — Ça va. Et vous Monsieur Martineau ?
   — Ça va

   ● Bonjour, Monsieur Lenoir. Ça va ? (bip)
   — . . . .
   — Ça va. Et vous Monsieur Martineau ?
   — Ça va

b) — Salut François. Comment ça va ?
   — Salut Jacques. Ça va et toi ?
   — Ça va

   ● Salut François. Comment ça va ? (bip)
   — . . . .
   — Salut Jacques. Ça va et toi ?
   — Ça va

c) — Au revoir Joseph, à demain.
   — Au revoir Jacques à demain.

   ● Au revoir Joseph, à demain (bip)
   — . . . .
   — Au revoir Jacques, à demain

3. RYTHME ET INTONATION

Écoutez :

Jacques dit bonsoir à François, le coiffeur
la la la ...
Jacques dit bonsoir à François, le coiffeur **(répétez)**

. . . .

Salut François. Ça va ?
la la la ...
Salut François. Ça va ? **(répétez)**

. . . .

Ça va ? Ça va et toi ?
la la la ...
Ça va ? Ça va et toi ? **(répétez)**
. . . .
Au revoir, Madame Lenoir
la la la ...
Au revoir, Madame Lenoir **(répétez)**
. . . .
Quelle heure il est ? Il est trois heures
la la la ...
Quelle heure il est ? Il est trois heures **(répétez)**
. . . .

4. ENTRAINEMENT PHONÉTIQUE :
Pratique du son [WA]

Répétez après le signal

Le voisin, la voisine (bip) . . . .
Le coiffeur, la coiffeuse (bip) . . . .
Bonsoir, Madame Lenoir (bip) . . . .
Au revoir, François (bip) . . . .
Trois (bip) . . . . . vingt trois (bip)
       trente-trois (bip) . . . . . .

5. MÉCANISMES

Exercice 1 :

Écoutez :

JE SUIS DANS L'ESCALIER. / MAISON.
JE SUIS DANS LA MAISON. / ELLE.
ELLE EST DANS LA MAISON.

A vous :

Je suis dans l'escalier. / maison . . . .
Je suis dans la maison. / elle . . . .
Elle est dans la maison. / devant . . . .
Elle est devant la maison. / il . . . .
Il est devant la maison. / dans . . . .
Il est dans la maison. / rue . . . .
Il est dans la rue . . . .

Exercice 2 :

Écoutez :

JE DIS BONJOUR AU MÉDECIN / INFIRMIÈRE
JE DIS BONJOUR A L'INFIRMIÈRE / BONSOIR
JE DIS BONSOIR A L'INFIRMIÈRE / ELLE
ELLE DIT BONSOIR A L'INFIRMIÈRE

A vous :

Je dis bonjour au médecin / infirmière . . . .
Je dis bonjour à l'infirmière / bonsoir . . . .
Je dis bonsoir à l'infirmière / elle . . . .
Elle dit bonsoir à l'infirmière / la concierge . . . . .
Elle dit bonsoir à la concierge / au revoir . . . . . .
Elle dit au revoir à la concierge / il . . . .
Il dit au revoir à la concierge / François . . . .
Il dit au revoir à François / bonne nuit . . . .
Il dit bonne nuit à François / M. Lenoir . . . .
Il dit bonne nuit à M. Lenoir . . . .

UNITÉ 1 - Leçon 3: Le rendez-vous

1. DIALOGUE (voir livre élève page 13)

2. SÉQUENCES DE TRAVAIL
(Écoutez la séquence, puis parlez après le signal)

a) — Est-ce que vous être libre lundi pour une inter-
     view ?

    — Non, lundi je ne suis pas libre. Je travaille

  ● Est-ce que vous êtes libre lundi pour une inter-
    view ? (bip)

    — Non, lundi je ne suis pas libre. Je travaille

b) — Vous pouvez venir à 3 h.
    — D'accord. Rendez-vous à 3 h.

  ● Vous pouvez venir à 3 h. (bip)
    — . . . .
    — D'accord. Rendez-vous à 3 h.

c) — Je m'appelle Vivienne Barillon
    — Marion ?
    — Non. Barillon
    — Vous pouvez épeler, s'il vous plaît ?

  ● Je m'appelle Vivienne Barillon
    — Marion ?
    — Non. Barillon (bip)
    — . . . .
    — Vous pouvez épelez, s'il vous plaît ?

3. RYTHME ET INTONATION

Écoutez :

Vivienne Barillon est journaliste
la la la ...
Vivienne Barillon est journaliste **(répétez)**
. . . .
Jacques est libre mardi après-midi
la la la ...
Jacques est libre mardi après-midi **(répétez)**
. . . .
Vous êtes libre lundi ?
la la la ...
Vous êtes libre lundi **(répétez)**
. . . .
Vous êtes libre ? Oui mardi je suis libre
la la la ...
Vous êtes libre ? Oui mardi je suis libre **(répétez)**

Écoutez :

Est-ce que tu es libre jeudi à 6 h ? **(répétez après le signal)**

à six heures (bip) . . . .
Jeudi à six heures (bip) . . . .
Tu es libre jeudi à 6 heures ? (bip) . . . .
Est-ce que tu es libre jeudi à 6 heures (bip)
. . . .

Écoutez :

Est-ce que tu peux venir au cinéma ? **(répétez après le signal)**

Venir au cinéma ? (bip) . . . .
Tu peux venir au cinéma ? (bip) . . . .
Est-ce que tu peux venir au cinéma ? (bip)
. . . .

4. ENTRAINEMENT PHONÉTIQUE :
Pratique du son [i]

Répétez après le signal

Il habite en Tunisie (bip) . . . .
Je suis libre lundi à midi (bip) . . . .
Il est six heures et demi (bip) . . . .
Le domicile de l'agent de police (bip) . . . .
Lundi (bip) . . . . . .   Mardi (bip) . . . .
Mercredi (bip) . . . . .   Jeudi (bip) . . . .
Vendredi (bip) . . . . .   Samedi (bip) . . . .
Dimanche (bip) . . . . .

5. MÉCANISMES

Exercice 1 :

Écoutez et répondez comme dans les exemples :
EST-CE QUE TU ES ARCHITECTE ? (OUI) . . . . . .
— OUI, JE SUIS ARCHITECTE.
VOUS ETES MÉDECIN ? (NON) . . . .
— NON, JE NE SUIS PAS MÉDECIN.

A vous :
Est-ce que tu es architecte ? (oui) . . . .
— Oui, je suis architecte.
Vous êtes médecin ? (non) . . . .
— Non, je ne suis pas médecin.
Est-ce qu'elle est étudiante ? (non) . . . .
— Non, elle n'est pas étudiante.
Il est journaliste ? (oui) . . . .
— Oui, il est journaliste.
Vous êtes journaliste ? (non) . . . .
— Non, je ne suis pas journaliste.
Est-ce que tu es médecin ? (oui) . . . .
— Oui, je suis médecin.

Exercice 2 :

Écoutez et répondez comme dans les exemples :
EST-CE QUE TU VIENS A L'OPÉRA ? (NON) . . . .
— NON, JE NE VIENS PAS A L'OPÉRA.
VOUS VENEZ AU CINÉMA ? (OUI) . . . .
— OUI, JE VIENS AU CINÉMA.

A vous :
Est-ce que tu viens à l'Opéra ? (non) . . . .
— Non, je ne viens pas à l'Opéra.
Vous venez au cinéma ? (oui) . . . .
— Oui, je viens au cinéma.
Est-ce que tu viens chez le coiffeur ? (non) . . . . .
— Non, je ne viens pas chez le coiffeur.
Elle vient au restaurant ? (oui) . . . .
— Oui, elle vient au restaurant.
Il vient à l'Opéra ? (non) . . . .
— Non, il ne vient pas à l'Opéra.
Est-ce que vous venez au cinéma ? (non) . . . .
— Non, je ne viens pas au cinéma.

Exercice 3 :

Écoutez et répondez comme dans les exemples :
EST-CE QUE JE PEUX VENIR DÉJEUNER AU RES-
TAURANT ? (OUI) . . . .
— OUI, TU PEUX VENIR DÉJEUNER AU RESTAU-
RANT.
EST-CE QU'IL PEUT VENIR HABITER A LA MAI-
SON ? (NON) . . . .
— NON, IL NE PEUT PAS VENIR HABITER A LA
MAISON.

A vous :
Est-ce que je peux venir déjeuner au restaurant ? (oui) .
— Oui, tu peux venir déjeuner au restaurant.
Est-ce qu'il peut venir habiter à la maison ? (non) . . .
— Non, il ne peut pas venir habiter à la maison.
Est-ce que tu peux venir travailler chez Jacques ? (oui) .
— Oui, je peux venir travailler chez Jacques.
Est-ce qu'il peut venir déjeuner au restaurant ? (non) .
— Non, il ne peut pas venir déjeuner au restaurant.
Est-ce qu'elle peut venir habiter à la maison ? (oui) . .
— Oui, elle peut venir habiter à la maison.

UNITÉ 1: Leçon 4: L'interview

1. DIALOGUE (voir livre élève page 18)

2. SÉQUENCES DE TRAVAIL
(Écoutez la séquence, puis parlez après le signal)

a) — Est-ce que vous voulez un café ?
  — Volontiers
  — Voulez-vous une cigarette ?
  — Non merci, je ne fume pas
  ● Est-ce que vous voulez un café ? (bip)
  — . . . .
  — Volontiers
  — Voulez-vous une cigarette ? (bip)
  — . . . .
  — Non merci, je ne fume pas

b) — Aimez-vous aussi le jazz ?
  — Oui, beaucoup
  — Et le folk ?
  — Un peu
  — Le disco ?
  — Pas du tout
  ● Aimez-vous aussi le jazz ? (bip)
  — . . . .
  — Oui beaucoup
  — Et le folk ? (bip)
  — . . . .
  — Un peu
  — Le disco ? (bip)
  — . . . .
  — Pas du tout

3. RYTHME ET INTONATION

Écoutez :
Bonjour, voulez-vous un café ?
la la la ...
Bonjour, voulez-vous un café ? **(répétez)**
. . . .
Oh oui, j'aime beaucoup le café
la la la ...
Oh oui, j'aime beaucoup le café **(répétez)**
. . . .
Aimez-vous le jazz ? Oui beaucoup
la la la ...
Aimez-vous le jazz ? Oui beaucoup **(répétez)**
. . . .
Le week-end je joue au tennis et j'écoute la radio
la la la ...
Le week-end je joue au tennis et j'écoute la radio
(répétez) . . . .

4. ENTRAINEMENT PHONÉTIQUE :
Pratique du son [U]

Répétez après le signal
Il joue au foot (bip) . . . .
Voulez-vous écouter ? (bip) . . . .
Avez-vous un rendez-vous ? (bip) . . . .
Merci beaucoup (bip) . . . .
J'habite boulevard de la Tour (bip) . . . .

5. MÉCANISMES

Exercice 1 :
**Écoutez et produisez deux formes interrogatives,
comme dans l'exemple :**
TU VEUX UNE CIGARETTE ?
EST-CE QUE TU VEUX UNE CIGARETTE ?
VEUX-TU UNE CIGARETTE ?

A vous :
Tu veux une cigarette ? . . . .
Est-ce que tu veux une cigarette ?

Veux-tu une cigarette ?
Vous voulez un café ? . . . .
Est-ce que vous voulez un café ?
Voulez-vous un café ?

Il veut dormir ? . . . .
Est-ce qu'il veut dormir ?
Veut-il dormir ?

Exercice 2 :

Écoutez et répondez comme dans l'exemple :
ELLE AIME LE CAFÉ ? OUI, BEAUCOUP
ELLE AIME BEAUCOUP LE CAFÉ.

A vous :

Elle aime le café ? — Oui, beaucoup . . . .
Elle aime beaucoup le café.
Tu aimes la radio ? — Non . . . .
Il n'aime pas la radio.
Vous aimez aller au cinéma ? — Non, pas beaucoup . .
Elle n'aime pas beaucoup aller au cinéma.
Il aime boire ? — Non pas du tout . . . . . .
Il n'aime pas du tout boire.
Elle aime écouter la radio ? — Oui, un peu . . . . . .
Elle aime un peu écouter la radio.
Tu aimes aller au cinéma ? — Oui, beaucoup . . . . . .
Il aime beaucoup aller au cinéma.

UNITÉ 1 - Leçon 5: La répétition

1. DIALOGUE (voir livre élève page 23)

2. SÉQUENCES DE TRAVAIL
   (Répétez après le signal)

a) Josef Lorentz est grand, brun, mince (bip)

. . . .

b) Jacques Martineau est souriant, sympathique (bip)

. . . .

c) Josef Lorentz n'est pas content (bip)

. . . .

3. ENTRAINEMENT SUR LES LIAISONS

Écoutez :
Elle est à la salle Pleyel pour une répétition
Répétez après le signal
Une répétition (bip) . . . .
Pour une répétition (bip) . . . .
A la salle Pleyel pour une répétition (bip) . . . .
Elle est à la salle Pleyel pour une répétition (bip)

. . . .

Écoutez :
Les deux violonistes sont en retard. Elles arrivent
Répétez après le signal
Elles arrivent (bip) . . . .
Les deux violonistes sont en retard (bip) . . . .
Les deux violonistes sont en retard. Elles arrivent (bip)

. . . .

Écoutez :
Mesdemoiselles, vous êtes prêtes ?
Répétez après le signal
Vous êtes prêtes ? (bip) . . . .
Mesdemoiselles vous êtes prêtes ? (bip) . . . .

Écoutez :
Vous aimez les œuvres de Berlioz ?
Répétez après le signal
Les œuvres de Berlioz (bip) . . . .
Vous aimez les œuvres de Berlioz ? (bip) . . . .

Écoutez :
Elle est infirmière, il est architecte
Répétez après le signal
Architecte (bip) . . . .
Il est architecte (bip) . . . .
Infirmière (bip) . . . .
Elle est infirmière (bip) . . . .

4. MÉCANISMES

Exercice 1 :

Écoutez et répondez aux questions :
EST-CE QUE VIVIENNE EST CONTENTE ? (OUI)
— OUI, ELLE EST CONTENTE.
EST-CE QUE LE CHEF D'ORCHESTRE EST SYMPA-
THIQUE ? (NON)
— NON, IL N'EST PAS SYMPATHIQUE.

A vous :
Est-ce que Vivienne est contente ? (oui) . . . .
— Oui, elle est contente.
Est-ce que le chef d'orchestre est sympathique ? (non) .
— Non, il n'est pas sympathique.
Est-ce que Jacques est sympathique ? (oui) . . . . . .
— Oui, il est sympathique.
Est-ce que le chef est content ? (non) . . . .
— Non, il n'est pas content.
Est-ce que les musiciens sont gais ? (oui) . . . .
— Oui, ils sont gais.
Est-ce que les étudiants sont contents ? (non) . . . . .
— Non, ils ne sont pas contents.
Est-ce que Vivienne est sympathique ? (oui) . . . . . .
— Oui, elle est sympathique.

Exercice 2 :

Écoutez et dites le contraire :
EST-CE QUE TU ES BLONDE ? NON, JE SUIS
BRUNE
EST-CE QU'ELLES SONT JEUNES ? NON, ELLES
SONT VIEILLES

A vous :
Est-ce que tu es blonde ? ... Non, je suis brune
Est-ce qu'elles sont jeunes ? ... Non, elles sont vieilles
Est-ce que Vivienne est grande ? ... Non, elle est petite
Est-ce que la concierge est jeune ? ... Non, elle est vieille
Est-ce que Josef Lorentz est petit ? ... Non, il est grand
Est-ce que je suis vieux ? ... Non, tu es jeune

UNITÉ 1 - Bilan

TEXTE COMPLÉMENTAIRE

Un samedi, rue Mouffetard à Paris...
(voir livre élève page 32.)

UNITÉ 2 - Leçon 1:
Vivre et travailler à Évry

1. DIALOGUE (voir livre élève page 35)

2. SÉQUENCES DE TRAVAIL
   (Écoutez la séquence, puis parlez après le signal)

a) — S'il vous plaît, Madame Richaud, qui est-ce ?
   — C'est la dame là-bas.

   ● S'il vous plaît, Madame Richaud, qui est-ce ?
   (bip)
   — C'est la dame là-bas.

b) — Il y a un travail urgent
   — Oui, qu'est-ce que c'est ?
   — Ce sont des lettres pour Monsieur Arnaud
   — Qui est Monsieur Arnaud ?
   — C'est le chef des ventes.

   ● Il y a un travail urgent (bip)
   — . . . .
   — Oui, qu'est-ce que c'est ?
   — Ce sont des lettres pour Monsieur Arnaud (bip)
   — . . . .
   — Qui est Monsieur Arnaud ?
   — C'est le chef des ventes.

3. ENTRAINEMENT PHONÉTIQUE :
   Opposition des sons [O] *et* [ɔ]

Répétez après le signal
Madame Delort travaille avec Madame Richaud (bip)

Le carbone est dans le bureau (bip) . . . .
A la radio, il y a du flamenco (bip) . . . .
Un piano, un stylo, un bureau (bip) . . . .
Il est gros, elle est grosse (bip) . . . .
Un docteur, un homme (bip) . . . .
Du carbone, une gomme (bip) . . . .
J'adore la musique folk (bip) . . . .
Elle est dans une école espagnole (bip) . . . .
Le téléphone est dans le nouveau bureau de Madame
Delort (bip) . . . .
Le stylo est à côté de la gomme (bip) . . . .

4. RYTHME ET INTONATION
Écoutez :
Qui est Monsieur Arnaud ? C'est le nouveau directeur
Répétez après le signal
Qui est Monsieur Arnaud ? (bip) . . . .
C'est le nouveau directeur (bip) . . . .

Écoutez :
Qu'est-ce que c'est ? C'est un nouveau sport
Répétez après le signal
Qu'est-ce que c'est ? (bip) . . . .
C'est un nouveau sport (bip) . . . .

Écoutez :
Qu'est-ce que c'est ? Est-ce que c'est un téléphone ?
Répétez après le signal
Est-ce que c'est un téléphone ? (bip) . . . .
Qu'est-ce que c'est ? Est-ce que c'est un téléphone ?
(bip) . . . .

5. MÉCANISMES

Exercice 1 :

Écoutez et répondez aux questions suivantes :
MADAME RICHAUD, QUI EST-CE ?
— C'EST UNE SECRÉTAIRE.
LE CHEF DES VENTES, QUI EST-CE ?
— C'EST MONSIEUR ARNAUD.

A vous :
Madame Richaud, qui est-ce ?. . . . .
— C'est une secrétaire.
Le chef des ventes, qui est-ce ? . . . .
— C'est Monsieur Arnaud.
Madame Duport, qui est-ce ? . . . .
— C'est le P.D.G.
Monsieur Mertens, qui est-ce ? . . . .
— C'est un secrétaire.
Jacques Martineau, qui est-ce ? . . . .
— C'est un pianiste.

Exercice 2 :

Écoutez et répondez comme dans les exemples :
EST-CE QUE C'EST LE DIRECTEUR ? (OUI)
— OUI, C'EST LE DIRECTEUR.
EST-CE QUE CE SONT DES SECRÉTAIRES ? (NON)
— NON, CE NE SONT PAS DES SECRÉTAIRES.

A vous :
Est-ce que c'est le directeur ? (oui) . . . .
— Oui, c'est le directeur.
Est-ce que ce sont des secrétaires ? (non) . . . .
— Non, ce ne sont pas des secrétaires.
Est-ce que c'est un dentiste ? (non) . . . .
— Non, ce n'est pas un dentiste.
Est-ce que c'est une vieille machine ? (non) . . . . . .
— Non, ce n'est pas une vieille machine.
Est-ce que c'est la secrétaire de M. Arnaud ? (oui) . .
— Oui, c'est la secrétaire de M. Arnaud.
Est-ce que ce sont les directeurs ? (non) . . . .
— Non, ce ne sont pas les directeurs.
Est-ce que c'est une nouvelle lampe ? (oui) . . . . . .
— Oui, c'est une nouvelle lampe.
Est-ce que ce sont les nouveaux bureaux ? (oui) . . .
— Oui, ce sont les nouveaux bureaux.

UNITÉ 2 - Leçon 2: Au restaurant

1. DIALOGUE (voir livre élève page 41)

2. SÉQUENCES DE TRAVAIL
   (Écoutez la séquence, puis parlez après le signal)

a) — Le plat du jour, c'est du poulet au riz
   — Pour moi, un plat du jour
   — Et pour vous ?
   — Je voudrais un steak-frites

   ● Le plat du jour, c'est du poulet au riz (bip)
   — . . . .
   — Pour moi un plat du jour
   — Et pour vous ? (bip)
   — . . . .
   — Je voudrais un steak-frites

b) — Et comme boisson ? Du vin ?
   — Non pas de vin pour moi
   — Alors de l'eau s'il vous plaît. Une carafe

   ● Et comme boisson ? Du vin ?
   — Non pas de vin pour moi (bip)
   — . . . .

— Alors de l'eau s'il vous plaît. Une carafe

c) — Vous prenez du café ?
— Oui
— Alors deux cafés et l'addition s'il vous plaît

● Vous prenez du café ?
— Oui (bip) . . . .
— Alors deux cafés et l'addition s'il vous plaît

3. RYTHME ET INTONATION

Écoutez :
Sophie, veux-tu dîner chez nous ?
Répétez
. . . .

Oui, merci
Répétez
. . . .

Écoutez :
Alors rendez-vous samedi à huit heures et demi
Répétez
. . . .

4. ENTRAINEMENT PHONÉTIQUE :
Opposition des sons [i] et [e]

Répétez après le signal
Sophie est gentille (bip) . . . .
J'aime la musique classique (bip) . . . .
Alice est flûtiste (bip) . . . .
Henri est antipathique (bip) . . . .
André est ingénieur. Il est marié (bip) . . . .
Vous voulez regarder la télévision ? (bip) . . . . .
Elle est née à Santa-Fé (bip) . . . .
Vous aimez le café ? (bip) . . . .

Écoutez et répétez après le signal
Vous êtes mariée, divorcée, célibataire ? (bip)

. . . .

Vous habitez ici à Évry ? (bip)

. . . .

5. MÉCANISMES

Exercice 1 :

Écoutez et répondez comme dans l'exemple :
ELLES PRENNENT DU POULET ?
— OUI. DES FRITES ? — NON.
ELLES PRENNENT DU POULET MAIS ELLES NE
PRENNENT PAS DE FRITES.

A vous :
Elles prennent du poulet ? — Oui. — Des frites ?
— Non . . . .
Elles prennent du poulet mais elles ne prennent pas
de frites.
On prend un dessert ? — Oui. — Du café ? — Non . . .
On prend un dessert mais on ne prend pas de café.
Ils prennent du fromage ? — Oui, — Un dessert ?
— Non . . . .
Ils prennent du fromage mais ils ne prennent pas
de dessert.
Elle prend de la viande ? — Oui. — De la salade ?
— Non . . . .
Elle prend de la viande mais elle ne prend pas de
salade.
Il prend du poisson ? — Oui. — Des légumes ?
— Non . . . .
Il prend du poisson mais il ne prend pas de légumes.

UNITÉ 2 - Leçon 3: Chez le boucher

1. DIALOGUE (voir livre élève page 47)

2. SÉQUENCES DE TRAVAIL
(Écoutez la séquence, puis parlez après le signal)

a) — Combien coûtent les côtelettes d'agneau ?
— 50 francs le kilo.
— Bon alors je voudrais quatre côtelettes.

● Combien coûtent les côtelettes d'agneau ?
— 50 francs le kilo (bip)
—
— Bon alors je voudrais quatre côtelettes

b) — On achète un rôti pour le dîner de samedi ?
— Bonne idée - Vous avez du rôti de veau ?

● On achète un rôti pour le dîner de samedi ?
(bip) . . . .
— Bonne idée - Vous avez du rôti de veau ?

c) — Voilà un beau rôti. Il pèse 1,200 kg -
Et avec ça ?
— C'est tout. Ça fait combien ?

● Voilà un beau rôti. Il pèse 1,200 kg -
Et avec ça ? (bip)
—
— C'est tout. Ça fait combien ?

3. RYTHME ET INTONATION

Écoutez :

Qu'est-ce que vous désirez ? **(répétez)** . . . .
Quatre belles côtelettes **(répétez)** . . . .
Tu peux payer, chéri ? **(répétez)** . . . .
Oui, je peux faire un chèque **(répétez)** . . . .

4. ENTRAINEMENT PHONÉTIQUE :
Opposition des sons [e] et [ɛ]

Répétez après le signal
Je bois du thé mais pas de café (bip) . . . .
René est divorcé (bip) . . . .
C'est une bonne idée (bip) . . . .
Aimer, adorer, détester (bip) . . . .
Le chef d'orchestre est célibataire (bip) . . . .
Il y a une nouvelle infirmière (bip) . . . .
Colette est secrétaire (bip) . . . .
Un concert, une trompette (bip) . . . .

Écoutez et répétez après le signal :
C'est un boulanger ? Non c'est une boulangère (bip)
. . . .
Je ne peux pas faire un chèque pour payer une bière et
un café (bip) . . . .
Chez l'épicier vous pouvez acheter du lait, du thé, du
café, des conserves (bip) . . . .

5. MÉCANISMES

Écoutez et demandez comme dans l'exemple :
(FROMAGE, 100 GRAMMES)
JE VOUDRAIS DU FROMAGE. C'EST COMBIEN
LES 100 GRAMMES ?

A vous :
(Fromage, 100 grammes) . . . .
Je voudrais du fromage. C'est combien les 100 gram-
mes ?
(Viande, 1 kilo) . . . .
Je voudrais de la viande. C'est combien le kilo ?

(Cigarettes, 1 paquet) . . . .
Je voudrais des cigarettes. C'est combien le paquet ?
(Beurre, 250 grammes) . . . .
Je voudrais du beurre. C'est combien les 250 grammes ?
(Poisson, 1 kilo) . . . .
Je voudrais du poisson. C'est combien le kilo ?
(Vin, 1 bouteille) . . . .
Je voudrais du vin. C'est combien la bouteille ?
(Café, 1 paquet) . . . .
Je voudrais du café. C'est combien le paquet ?

UNITÉ 2 - Leçon 4:
Il faut ranger le salon

1. DIALOGUE (voir livre élève page 53)

2. SÉQUENCES DE TRAVAIL
(Écoutez la séquence, puis parlez après le signal)

a) — Nous attendons une invitée ce soir.
   — Qui est-ce ?
   — C'est une collègue de bureau

   ● Nous attendons une invitée ce soir (bip)
   —   . . . .
   -- Qui est-ce ?
   — C'est une collègue de bureau

b) — A qui est ce pull ? A ta sœur ?
   — Non, il n'est pas à elle. Il est à son amie Brigitte

   ● A qui est ce pull ? A ta sœur ? (bip)
   —   . . . .
   — Non, il n'est pas à elle. Il est à son amie Brigitte

c) — Tu fumes Didier ?
   — Non maman
   — Et ces cigarettes, à qui elles sont ? A toi ?
   — Non. Elles sont à papa

   ● Tu fumes Didier ? (bip)
   —   . . . .
   — Non maman (bip)
   —   . . . .
   — Et ces cigarettes, à qui elles sont ? A toi ?
   -- Non. Elles sont à papa

3. ENTRAINEMENT SUR LES LIAISONS

Écoutez :
Ce pull est à son amie
Répétez après le signal
Son amie (bip) . . . .
A son amie (bip) . . . .
Ce pull est à son amie (bip) . . . .

Écoutez :
Cet appareil photo n'est pas à moi
Répétez après le signal
A moi (bip) . . . .
Pas à moi (bip) . . . .
Cet appareil photo n'est pas à moi (bip) . . . .

Écoutez :
Et ces allumettes elles sont à toi ?
Répétez après le signal
A toi (bip) . . . .
Elles sont à toi ? (bip) . . . .
Et ces allumettes, elles sont à toi ? (bip) . . . .

Écoutez :
Cet après-midi nous allons à la plage
Répétez après le signal
A la plage (bip) . . . .
Allons à la plage (bip) . . . .

Nous allons à la plage (bip) . . . .
Cet après-midi nous allons à la plage (bip) . . . .

Écoutez :
Il faut écrire une lettre à tes amis
Répétez après le signal
A tes amis (bip) . . . .
Une lettre à tes amis (bip) . . . .
Écrire une lettre à tes amis (bip) . . . .
Il faut écrire une lettre à tes amis (bip) . . . .

4. MÉCANISMES

Écoutez et répondez comme dans les exemples :
A QUI EST CE PULL ? — A MOI.
— A TOI ? — OUI, C'EST MON PULL.
A QUI SONT CES CHAUSSURES ?
— A MON PÈRE. — A TON PÈRE ?
— OUI, CE SONT SES CHAUSSURES.

A vous :
A qui est ce pull ? — A moi.
   — A toi ? ... — Oui, c'est mon pull.
A qui sont ces chaussures ? — A mon père.
   — A ton père ? — Oui, ce sont ses chaussures.
A qui est cet appareil ? — A Gilles.
   — A Gilles ? — Oui, c'est son appareil.
A qui sont ces allumettes ? — A elle.
   — A elle ? — Oui, ce sont ses allumettes.
A qui est ce blouson ? — A moi.
   — A toi ? — Oui, c'est mon blouson.
A qui sont ces enfants ? — A Colette.
   — A Colette ? — Oui, ce sont ses enfants.
A qui est cet imperméable ? — A ma mère.
   — A ta mère ? — Oui, c'est son imperméable.
A qui sont ces cigarettes ? — A toi.
   — A moi ? — Oui, ce sont tes cigarettes.
A qui est cette machine à écrire ? — A Jacques.
   — A Jacques ? — Oui, c'est sa machine à écrire

UNITÉ 2 - Leçon 5: L'apéritif

1. DIALOGUE (voir livre élève page 59)

2. SÉQUENCES DE TRAVAIL
(Écoutez la séquence, puis parlez après le signal)

a) — Alors vous aimez notre ville ?
   — Oui, j'aime beaucoup Évry, c'est une ville
     agréable

   ● Alors vous aimez notre ville ? (bip)
   —   . . . .
   — Oui, j'aime beaucoup Évry, c'est une ville
     agréable

b) — Et votre travail, ça marche ?
   — Oui, je suis contente, ça marche bien.

   ● Et votre travail, ça marche ? (bip)
   —   . . . .
   — Oui, je suis contente, ça marche bien

3. RYTHME ET INTONATION
Écoutez :
Les enfants sont dans leur chambre (répétez)
. . . .
On prend un jus d'orange ? (répétez)
. . . .
Pierre est représentant (répétez)
. . . .

4. ENTRAINEMENT PHONÉTIQUE :
Pratique du son [ã]

Répétez après le signal :

On mange ensemble ? (bip) . . . .
C'est un étudiant allemand (bip) . . . .
J'ai rendez-vous chez le dentiste (bip) . . . .
Il n'est pas content (bip) . . . .
Elle n'a pas beaucoup d'argent (bip) . . . .
Tu ranges ta chambre ? (bip) . . . .

5. MÉCANISMES

Écoutez et répondez par OUI ou par NON, comme dans les exemples :

CE BLOUSON EST A TON FRÈRE ? (OUI)
— OUI, C'EST SON BLOUSON.
CES CHAUSSURES SONT A TA MÈRE ? (NON)
— NON, CE NE SONT PAS SES CHAUSSURES.

A vous :

Ce blouson est à ton frère ? (oui) . . . .
— Oui, c'est son blouson.
Ces chaussures sont à ta mère ? (non) . . . .
— Non, ce ne sont pas ses chaussures.
Ces cigarettes sont à nous ? (oui) . . . .
— Oui, ce sont nos cigarettes.
Ces enfants sont à eux ? (non) . . . .
— Non, ce ne sont pas leurs enfants.
Cet imperméable est à toi ? (oui) . . . .
— Oui, c'est mon imperméable.
Ces affaires sont à vous ? (non) . . . .
— Non, ce ne sont pas nos affaires.
Cette veste est à Maman ? (oui) . . . .
— Oui, c'est sa veste.
Ces chaussettes sont à ta sœur ? (non) . . . .
— Non, ce ne sont pas ses chaussettes

UNITÉ 2 - Bilan

TEXTE COMPLÉMENTAIRE (voir livre élève page 68)

UNITÉ 3 - Leçon 1:
Vacances en Bretagne

1. DIALOGUE (voir livre élève page 71)

2. SÉQUENCES DE TRAVAIL
(Écoutez la séquence, puis parlez après le signal)

a) — Les fermiers sont là. On peut leur demander.
  Pardon monsieur, je peux vous demander un
  renseignement ?
— Bien sûr !

● Les fermiers sont là. On peut leur demander
  (bip) . . . .
— Pardon monsieur, je peux vous demander un
  renseignement ?
— Bien sûr !

b) — Vous n'êtes pas Français ?
— Non
— Vous venez d'où ?
— De Lausanne, en Suisse.

● Vous n'êtes pas Français ?
— Non (bip)
— . . . .
— Vous venez d'où ?
— De Lausanne, en Suisse.

c) — Où est-ce qu'on peut monter la tente ?
— Là-bas sous les arbres.
  Excusez-nous, est-ce qu'on peut faire du feu ?
— Oui, mais je vous demande de faire attention

● Où est-ce qu'on peut monter la tente ?
— Là-bas, sous les arbres (bip)
— . . . .
— Excusez-nous, est-ce qu'on peut faire du feu ?
— Oui, mais je vous demande de faire attention.

3. RYTHME ET INTONATION

Écoutez et répétez :

On ne peut pas camper dans un champ
On ne peut pas camper dans un champ (bip)
. . . .

Les fermiers sont là ! on peut leur demander
Les fermiers sont là ! on peut leur demander (bip)
. . . .
Est-ce qu'on peut faire du feu ?
Est-ce qu'on peut faire du feu ? (bip)
. . . .
A tout à l'heure
A tout à l'heure (bip)
. . . .

4. ENTRAINEMENT PHONÉTIQUE :
Opposition des sons [ø] *et* [œ]

Répétez après le signal

Je veux des œufs (bip) . . . .
Il est un peu vieux (bip) . . . .
Je veux aller à Meulun (bip) . . . .
C'est un jeune acteur (bip) . . . .
On déjeune à une heure (bip) . . . .
Mon docteur n'aime pas les fumeurs (bip) . . . .
Monsieur le directeur, deux jeunes professeurs veulent
vous voir (bip) . . . .
Je peux les voir jeudi à neuf heures (bip) . . . .

5. MÉCANISMES

Exercice 1 :

Écoutez et répondez comme dans l'exemple :
ANNE DEMANDE UN RENSEIGNEMENT A LA
FERMIÈRE ?
— OUI, ELLE LUI DEMANDE UN RENSEIGNE-
  MENT.
LE BOUCHER VEND UN ROTI A M. ET MME
RICHAUD ?
— OUI, IL LEUR VEND UN ROTI.

A vous :

Anne demande un renseignement à la fermière ? . . . . . .
— Oui, elle lui demande un renseignement.
Le boucher vend un rôti à M. et Mme Richaud ? . . . . .
— Oui, il leur vend un rôti.
Le fermier donne aux jeunes Suisses l'autorisation de
camper ?
— Oui, il leur donne l'autorisation de camper.

La fermière donne des pommes à Anne et Marie-Claude ? . . . .
— Oui, elle leur donne des pommes.
Luc et Alain parlent à la fermière ? . . . .
— Oui, ils lui parlent.

Exercice 2 :

Écoutez et répondez comme dans l'exemple :
A QUI EST-CE QUE TU PARLES ? A MOI ?
— OUI, JE TE PARLE.
A QUI EST-CE QU'IL PARLE ? A EUX ?
— OUI, IL LEUR PARLE.

A vous :

A qui est-ce que tu parles ? A moi ? . . . .
— Oui, je te parle.
A qui est-ce qu'il parle ? A eux ? . . . .
— Oui, il leur parle.
A qui est-ce qu'il téléphone ? A elle ? . . . .
— Oui, il lui téléphone.
A qui est-ce qu'elle parle ? Aux fermiers ? . . . .
— Oui, elle leur parle.
A qui est-ce que tu téléphones ? A tes parents ? . . . .
— Oui, je leur téléphone.

UNITÉ 3 - Leçon 2: Suivez le guide!

1. DIALOGUE (voir livre élève page 77)

2. SÉQUENCES DE TRAVAIL
(Écoutez la séquence, puis parlez après le signal)

a)   — Je n'arrive pas à desserrer cette roue. Tu veux bien m'aider ?
— Bien sûr.

● Je n'arrive pas à desserrer cette roue (bip)
—   . . . .
— Tu veux bien m'aider ?
— Bien sûr.

b)   — Qui a des cigarettes ?
— Moi, j'en ai
— Il y a encore de la bière ?
— Non, il n'y en a plus !

● Qui a des cigarettes ? (bip)
—   . . . .
— Moi, j'en ai
— Il y a encore de la bière ? (bip)
—   . . . .
— Non, il n'y en a plus !

c)   — Je vais à Saint-Pol au supermarché.
Est-ce que vous avez besoin de quelque chose ?
— Oui, il nous faut de la viande, des fruits, du pain...

● Je vais à Saint-Pol au supermarché. Est-ce que vous avez besoin de quelque chose ? (bip)
—   . . . .
— Oui, il nous faut de la viande, des fruits, du pain ...

3. RYTHME ET INTONATION

Écoutez :

Prends la tente dans le coffre !
Prends la tente dans le coffre ! **(répétez)**

. . . .
Moi je change la roue
Moi je change la roue **(répétez)**

. . . .
Mets le frein à main !

Mets le frein à main ! **(répétez)**
. . . .
Pensez à la viande et au pain !
Pensez à la viande et au pain ! **(répétez)**
. . . .

4. ENTRAINEMENT PHONÉTIQUE :
Opposition des sons [$\tilde{a}$] et [$\tilde{\epsilon}$]

Répétez après le signal

Un client mécontent (bip) . . . .
On commence ? C'est urgent (bip) . . . .
Je ne peux pas attendre (bip) . . . .
La chambre des parents (bip) . . . .
J'invite des copains (bip) . . . .
Alain ! Tu veux du raisin ? (bip) . . . .
Mon voisin est un médecin mexicain (bip) . . . . .
Il vient demain matin (bip) . . . .

Écoutez et répétez après le signal

En France, on mange beaucoup de pain (bip)

. . . .
En vacances, je campe avec un copain parisien (bip)

5. MÉCANISMES

Exercice 1 :

Écoutez et répondez comme dans les exemples :
EST-CE QUE TU MANGES DU POISSON ?
— OUI, J'EN MANGE.
ET DE LA VIANDE ? — NON, JE N'EN MANGE PAS.
EST-CE QUE TU VAS AU CINÉMA ?
— OUI, J'Y VAIS
ET AU THÉATRE ? — NON, JE N'Y VAIS PAS.

A vous :

Est-ce que tu manges du poisson ? . . . .
— Oui, j'en mange.
Et de la viande ? . . . .
— Non, je n'en mange pas.
Est-ce qu'elle boit du thé ? . . . .
— Oui, elle en boit.
Et du café ? . . . .
— Non, elle n'en boit pas.
Est-ce que tu prends du sucre ? . . . .
— Oui, j'en prends.
Et du lait ? . . . .
— Non, je n'en prends pas.
Est-ce qu'il pense aux vacances ? . . . .
— Oui, il y pense.
Et au travail ? . . . .
— Non, il n'y pense pas.
Est-ce que tu as des frères ? . . . .
— Oui, j'en ai.
Et des sœurs ? . . . .
— Non, je n'en ai pas.
Est-ce qu'on va à la boulangerie ? . . . .
— Oui, on y va.
Et à la boucherie ? . . . .
— Non, on n'y va pas.

Exercice 2 :

Écoutez et produisez le verbe à l'impératif, comme dans les exemples :

PIERRE DIT A JEAN DE TRAVAILLER. QU'EST-CE QU'IL LUI DIT ? — « TRAVAILLE ».
IL VEUT TRAVAILLER AVEC NICOLE. QU'EST-CE QU'IL LUI DIT ? — « TRAVAILLONS ».
IL DIT A PAUL ET A ANNE DE TRAVAILLER.
QU'EST-CE QU'IL LEUR DIT ? — « TRAVAILLEZ ».

A vous :

Pierre dit à Jean de travailler. Qu'est-ce qu'il lui dit ? .
— « Travaille ».
Il veut travailler avec Nicole. Qu'est-ce qu'il lui dit ? . .
— « Travaillons ».
Il dit à Paul et à Anne de travailler. Qu'est-ce qu'il leur dit ? . . . .
— « Travaillez ».
Pierre dit à Jean d'aller au cinéma. Qu'est-ce qu'il lui dit ? . . . .
— « Va au cinéma ».
Il veut aller au cinéma avec Nicole. Qu'est-ce qu'il lui dit ? . . . .
— « Allons au cinéma ».
Il dit à Paul et à Anne d'aller au cinéma. Qu'est-ce qu'il leur dit ? . . . .
— « Allez au cinéma ».

Exercice 3 :

Écoutez et donnez l'ordre inverse, comme dans les exemples :

PAUL, VA A LA POSTE. — NON, N'Y VA PAS !
CHÉRIE, ALLONS AU CINÉMA. — NON, N'Y ALLONS PAS !
LES ENFANTS, PRENEZ DU PAIN. — NON, N'EN PRENEZ PAS !

A vous :

Paul, va à la poste .... — Non, n'y va pas !
Chérie, allons au cinéma ... — Non, n'y allons pas !
Les enfants, prenez du pain ... — Non, n'en prenez pas !
Paul, prends du café ... — Non, n'en prends pas !
Chérie, demandons des cigarettes ... — Non, n'en demandons pas !
Les enfants, allez jouer dans la rue ... — Non, n'y allez pas !
Paul, achète des journaux... — Non, n'en achète pas !
Chérie, allons à Paris ... — Non, n'y allons pas !
Les enfants, buvez du lait ... — Non, n'en buvez pas !

UNITÉ 3 - Leçon 3: Fête à Roscoff

1. DIALOGUE (voir livre élève page 83)

2. SÉQUENCES DE TRAVAIL
   (Écoutez la séquence, puis parlez après le signal)

a) — Tu as garé la voiture ?
   — Oui, à l'entrée de la ville
   — C'est loin ?
   — C'est à 1 kilomètre

   ● Tu as garé la voiture ? (bip)
   — . . . .
   — Oui, à l'entrée de la ville
   — C'est loin ? (bip)
   — . . . .
   — C'est à 1 kilomètre

b) — Bon, on y va. Où est-ce qu'on se retrouve ?
   — En face du café de la Marine. Dépêchez-vous !

   ● Bon, on y va (bip)
   — . . . .
   — Où est-ce qu'on se retrouve ?
   — En face du café de la Marine. Dépêchez-vous !

c) — C'est du breton, Fest noz ?
   — Je crois
   — Qu'est-ce que ça veut dire ?
   — Je ne sais pas

   ● C'est du breton, Fest noz ? (bip)

— Je crois
— Qu'est-ce que ça veut dire ? (bip)
. . . .
— Je ne sais pas.

d) — Vous avez passé de bonnes vacances ?
   — Oui
   — Qu'est-ce que vous avez fait ?
   — On est allé à la plage, on s'est baigné, et on a visité la région.

   ● Vous avez passé de bonnes vacances ?
   — Oui
   — Qu'est-ce que vous avez fait ? (bip)

   — On est allé à la plage, on s'est baigné, et on a visité la région.

3. RYTHME ET INTONATION

Écoutez :
Qu'est-ce que tu as fait ?
Qu'est-ce que tu as fait ? **(répétez)**
. . . .
J'ai garé la voiture
J'ai garé la voiture **(répétez)**
. . . .
Qu'est-ce que c'est une flûte ?
Qu'est-ce que c'est une flûte ? **(répétez)**
. . . .
C'est un instrument de musique
C'est un instrument de musique **(répétez)**
. . . .

4. ENTRAINEMENT PHONÉTIQUE :
   Pratique du son [Y]

Répétez après le signal :
Tunis, la Tunisie, les Tunisiens (bip)
. . . .
La musique, les musiciens (bip)
. . . .
Une flûte, une flûtiste (bip)
. . . .
Un pull, une jupe, des chaussures (bip)
. . . .

Écoutez et répétez après le signal :
Zut, j'ai oublié le nom de la rue (bip)
. . . .
Tu as vu le film ou tu as lu le livre ? (bip)

5. MÉCANISMES

Exercice 1:

Écoutez et répondez comme dans les exemples :
QU'EST-CE QUE TU AS FAIT ?
   (GARER LA VOITURE)
— J'AI GARÉ LA VOITURE.
   (RETOURNER A LA FETE)
— JE SUIS RETOURNÉ A LA FETE.

A vous :
Qu'est-ce que tu as fait ?
   (garer la voiture) . . . .
— J'ai garé la voiture.
   (retourner à la fête) . . . .
— Je suis retourné à la fête.
   (aller au café du port) . . . .
— Je suis allé au café du port.
   (retrouver Marie-Claude et Alain) . . . .
— J'ai retrouvé Marie-Claude et Alain.

(regarder le concours de chant) . . . .
— J'ai regardé le concours de chant.
    (aller boire du cidre) . . . .
— Je suis allé boire du cidre.
    (manger des crêpes) . . . .
— J'ai mangé des crêpes.
    (danser sur la place du Port) . . . .
— J'ai dansé sur la place du Port.

Exercice 2 :

Écoutez et répondez comme dans les exemples :
QU'EST-CE QU'ELLES ONT FAIT CET ÉTÉ ?
    (ALLER EN BRETAGNE)
— ELLES SONT ALLÉES EN BRETAGNE.
    (CAMPER PRÈS D'UNE FERME)
— ELLES ONT CAMPÉ PRÈS D'UNE FERME

A vous :
Qu'est-ce qu'elles ont fait cet été ?
    (aller en Bretagne) . . . .
— Elles sont allées en Bretagne.
    (camper près d'une ferme)
— Elles ont campé près d'une ferme.
    (parler avec le fermier) . . . .
— Elles ont parlé avec le fermier.
    (monter leur tente chez lui) . . . .
— Elles ont monté leur tente chez lui.
    (visiter la région) . . . .
— Elles ont visité la région.
    (voir Brasparts) . . . .
— Elles ont vu Brasparts.

UNITÉ 3 - Leçon 4: Dans les pommes

1. DIALOGUE (voir livre élève page 89)

2. SÉQUENCES DE TRAVAIL
(Écoutez la séquence, puis parlez après le signal)

a) — Alors les jeunes, vous vous réveillez ?
    — Oui, mais on a encore sommeil ! On n'a pas
      assez dormi.

    ● Alors les jeunes, vous vous réveillez ? (bip)

    — . . . .
    — Oui, mais on a encore sommeil ! On n'a pas
      assez dormi.

b) — On a trop bu ! Moi, j'ai mal à la tête.
    — Vous êtes fatigués ?
    — Oh non, ça va.

    ● On a trop bu ! Moi, j'ai mal à la tête (bip)

    — . . . .
    — Vous êtes fatigués ?
    — Oh non, ça va.

c) — Tu as mal ?
    — Un peu ! mais ce n'est pas grave.
    — Il faut appeler un médecin.
    — Non, non je n'ai rien...

    ● Tu as mal ? (bip)

    — . . . .
    — Un peu ! mais ce n'est pas grave.
    — Il faut appeler un médecin (bip)

    — . . . .
    — Non, non je n'ai rien ...

3. RYTHME ET INTONATION

Écoutez :
On part en vacances dimanche
On part en vacances dimanche **(répétez)**
. . . .

Ils ont encore sommeil
Ils ont encore sommeil **(répétez)**
. . . .

Attention ! Soyez prudente
Attention ! Soyez prudente **(répétez)**
. . . .

Non ! Non ! Vous montez trop haut !
Non ! Non ! Vous montez trop haut ! **(répétez)**
. . . .

4. ENTRAINEMENT PHONÉTIQUE :
Opposition des sons [ã] *et* [õ]

Répétez après le signal
Maintenant on danse (bip) . . . .
Ils chantent ensemble (bip) . . . .
Ça n'a pas d'importance (bip) . . . .
Pense à prendre de l'argent (bip) . . . .
Vos nom et prénom, s'il vous plaît (bip) . . . . .
On reste à la maison, on regarde la télévision (bip)

. . . .
Garçon, l'addition (bip) . . . .
Prenons du saucisson et du jambon (bip) . . . . .

Écoutez et répétez après le signal
On en prend encore, c'est bon ! (bip) . . . .
Vous parlez français ?
Non, mais je le comprends (bip) . . . .

5. MÉCANISMES

Exercice 1 :

Écoutez et transformez comme dans les exemples :
DEMANDEZ LA PERMISSION AU FERMIER ET
A LA FERMIÈRE. DEMANDEZ-LEUR LA PERMIS-
SION.
DONNE UN PANIER A LUC. DONNE-LUI UN
PANIER.
TÉLÉPHONE A ANNE. TÉLÉPHONE-LUI.

A vous :
Demandez la permission au fermier et à la fermière . .
    Demandez-leur la permission.
Donne un panier à Luc... Donne-lui un panier.
Téléphone à Anne ... Téléphone-lui.
Achetez une glace à votre fille ... Achetez-lui une glace.
Donnez le programme à Mme Lefort ... Donnez-lui le
    programme.
Vendez votre voiture à mes amis ... Vendez-leur votre
    voiture.
Apprends le piano aux enfants ... Apprends-leur le
    piano.
Donnons rendez-vous à Sophie ... Donnons-lui rendez-
    vous.
Dis bonjour à la dame ... Dis-lui bonjour.
Parle à tes parents ... Parle-leur.

Exercice 2 :

**Écoutez et répondez aux questions comme dans les
exemples :**
« J'ai pris l'échelle. Je suis montée trop haut.
Je suis tombée. Je me suis cassé la jambe. »
QU'EST-CE QU'ELLE A FAIT ?
    (PRENDRE L'ÉCHELLE)
— ELLE A PRIS L'ÉCHELLE.
POURQUOI EST-CE QU'ELLE EST TOMBÉE ?
    (MONTER TROP HAUT)
— PARCE QU'ELLE EST MONTÉE TROP HAUT.
ELLE S'EST FAIT MAL ?
    (SE CASSER LA JAMBE)

— OUI, ELLE S'EST CASSÉ LA JAMBE.

A vous :

Qu'est-ce qu'elle a fait ?
    (prendre l'échelle) . . . .
— Elle a pris l'échelle.
Pourquoi est-ce qu'elle est tombée ?
    (monter trop haut) . . . .
— Parce qu'elle est montée trop haut.
Elle s'est fait mal ?
    (se casser la jambe) . . . .
— Oui, elle s'est cassé la jambe.

Écoutez et répondez :

Je suis allé à la fête, j'ai trop bu, je suis tombé dans
la rue, je me suis fait mal au genou.
Qu'est-ce qu'il a fait ?
    (aller à la fête) . . . .
— Il est allé à la fête.
Pourquoi est-ce qu'il est tombé dans la rue ?
    (trop boire) . . . .
— Parce qu'il a trop bu.
Il s'est fait mal ? (au genou) . . . .
— Oui, il s'est fait mal au genou.

UNITÉ 3 - Leçon 5: «Au revoir»

1. DIALOGUE (voir livre élève page 95)

2. SÉQUENCES DE TRAVAIL
(Écoutez, puis parlez après le signal)

a) — On vient vous dire au revoir ... Et vous re-
    mercier.
    — Vous rentrez chez vous ?
    — Non, non, on reste encore une semaine en
    Bretagne.

    ● On vient vous dire au revoir ... et vous remercier
    (bip) . . . .
    — Vous rentrez chez vous ?
    — Non, non, on reste encore une semaine en
    Bretagne.

b) — Vous allez nous donner votre adresse.
    — Bien sûr, c'est route de Kertanguy à Roscoff.
    — Pardon ? Je n'ai pas compris !
    Vous pouvez répéter ?
    — Route de Kertanguy.

    ● Vous allez nous donner votre adresse.
    — Bien sûr, c'est route de Kertanguy à Roscoff
    (bip)
    — Pardon ? Je n'ai pas compris.
    Vous pouvez répéter ?
    — Route de Kertanguy.

c) — Bonne chance ! et « Kenavo » !
    — Kenavo ?
    — C'est du breton !
    — Qu'est-ce que ça veut dire ?
    — Ça veut dire « au revoir ».

    ● Bonne chance ! et « Kenavo » !
    — Kenavo ?
    — C'est du breton ! (bip)
    — . . . .
    — Qu'est-ce que ça veut dire ?
    — Ça veut dire « au revoir ».

3. ENTRAINEMENT SUR LES LIAISONS

Écoutez :

On reste encore une semaine en Bretagne.

Répétez après le signal
Une semaine en Bretagne (bip) . . . .
Encore une semaine en Bretagne (bip) . . . .
On reste encore une semaine en Bretagne (bip)
. . . .

Écoutez :
Vous allez me donner votre adresse.
Répétez après le signal
Votre adresse (bip) . . . .
Vous allez me donner votre adresse (bip)
. . . .

Écoutez :
Nous allons vous l'écrire tout à l'heure.
Répétez après le signal
tout à l'heure (bip) . . . .
Nous allons vous l'écrire tout à l'heure (bip)
. . . .

Écoutez :
Elle est en train de faire une crêpe
Répétez après le signal
faire une crêpe (bip) . . . .
En train de faire une crêpe (bip) . . . .
Elle est en train de faire une crêpe (bip)
. . . .

4. MÉCANISMES

Exercice 1 :

Écoutez et répondez comme dans les exemples :
TU VAS FAIRE DU CAFÉ ?
— NON, JE VIENS D'EN FAIRE.
ELLE VA ALLER A LA BOULANGERIE ?
— NON, ELLE VIENT D'Y ALLER.
VOUS ALLEZ TÉLÉPHONER AUX COPAINS ?
— NON, NOUS VENONS DE LEUR TÉLÉPHONER.
IL VA ACHETER LE JOURNAL ?
— NON, IL VIENT DE L'ACHETER.

A vous :

Tu vas faire du café ? . . . .
— Non, je viens d'en faire.
Elle va aller à la boulangerie ? . . . .
— Non, elle vient d'y aller.
Vous allez téléphoner aux copains ? . . . .
— Non, nous venons de leur téléphoner.
Il va acheter le journal ? . . . .
— Non, il vient de l'acheter.
Tu vas changer la roue ? . . . .
— Non, je viens de la changer.
Elle va faire des crêpes ? . . . .
— Non, elle vient d'en faire.
Ils vont en Allemagne ? . . . .
— Non, ils viennent d'y aller.
Elle va cueillir des pommes ? . . . .
— Non, elle vient d'en cueillir.
Tu vas aller chez l'épicier ? . . . .
— Non, je viens d'y aller.

Exercice 2 :

Écoutez et répondez comme dans les exemples :
VOUS AVEZ FAIT LE THÉ ?
— NON, JE SUIS EN TRAIN DE LE FAIRE.
ELLE A ÉCRIT SES CARTES POSTALES ?
— NON, ELLE EST EN TRAIN DE LES ÉCRIRE.

A vous :

Vous avez fait le thé ? . . . .
— Non, je suis en train de le faire.
Elle a écrit ses cartes postales ? . . . .
— Non, elle est en train de les écrire.
Luc a changé la roue ? . . . .

— Non, il est en train de la changer.
Les enfants ont fait leurs devoirs ? . . . .
— Non, ils sont en train de les faire.
Tu as rangé ta chambre ? . . . .
— Non, je suis en train de la ranger.
Ils ont monté leur tente ? . . . .
— Non, ils sont en train de la monter.

Vous avez gonflé les matelas ? . . . .
— Non, nous sommes en train de les gonfler.

UNITÉ 3 - Bilan

TEXTE COMPLÉMENTAIRE (voir livre élève page 103)

UNITÉ 4 - Leçon 1:
Les Pellicier déménagent

1. DIALOGUE (voir livre élève page 107)

2. SÉQUENCES DE TRAVAIL
(Écoutez la séquence, puis parlez après le signal)

a) — Les enfants, j'ai une bonne nouvelle à vous
annoncer, nous allons déménager !
— Tu appelles ça une bonne nouvelle ! Je ne suis
pas d'accord !

● Les enfants, j'ai une bonne nouvelle à vous
annoncer, nous allons déménager ! (bip)
— . . . .
— Tu appelles ça une bonne nouvelle ! Je ne suis
pas d'accord !

b) — Et où on va d'abord ?
— Devinez !
— A Paris, ou en province ?
— En province.
— Oh la la !
— C'est au nord ou au sud ?
— C'est au sud.
— C'est à combien de kilomètres de Paris ?
— A 800 km environ.
— C'est au bord de la mer ?
— Oui.

● Et où on va d'abord ?
— Devinez ! (bip)
— . . . .
— A Paris ou en province ?
— En province.
— Oh la la (bip)
— . . . .
— C'est au nord ou au Sud ?
— C'est au sud (bip)
— . . . .
— C'est à combien de kilomètres de Paris ?
— A 800 km environ (bip)
— . . . .
— C'est au bord de la mer ?
— Oui

c) — Où est-ce la Pompignane ?
— C'est dans la banlieue de Montpellier, à
Castelnau.
— C'est loin du Centre ?
— Non, tout près.

● Où est-ce la Pompignane ?
— C'est dans la banlieue de Montpellier, à
Castelnau (bip)
— . . . .
— C'est loin du centre ?
— Non, tout près.

3. RYTHME ET INTONATION

Écoutez :

En septembre, je serai ingénieur en chef
En septembre, je serai ingénieur en chef (**répétez**)
. . . .
L'an prochain, je serai à la fac
L'an prochain, je serai à la fac (**répétez**)
. . . .
Je ne serai pas au chômage
Je ne serai pas au chômage (**répétez**)
. . . .
Je ne changerai pas de travail
Je ne changerai pas de travail (**répétez**)
. . . .
Gérard et Virginie vont déménager
Gérard et Virginie vont déménager (**répétez**)
. . . .

4. ENTRAINEMENT PHONÉTIQUE :
Opposition des sons $[ʒ]$ *et* $[ʃ]$

Répétez après le signal :

J'ai envie d'être ingénieur (bip) . . . .
J'aime ce village (bip) . . . .
La plage est dangereuse (bip) . . . .
Bon voyage (bip) . . . .
Pour moi, un chocolat chaud (bip) . . . .
Chic, des artichauts (bip) . . . .
Chérie, tiens-moi l'échelle (bip) . . . .
Chantal est au chômage (bip) . . . .

5. MÉCANISMES

Exercice 1 :

Écoutez et répondez comme dans l'exemple :

TU ES LIBRE AUJOURD'HUI ?
— NON, MAIS JE SERAI LIBRE DEMAIN.

A vous :

Tu es libre aujourd'hui ? . . . .
— Non, mais je serai libre demain.
Tu vas au cinéma aujourd'hui ? . . . .
— Non, mais j'irai demain.
On joue au tennis aujourd'hui ? . . . .
— Non, mais on jouera demain.
Je range la maison aujourd'hui ? . . . .
— Non, mais tu la rangeras demain.
Elles sont chez elles aujourd'hui ? . . . .
— Non, mais elles seront chez elles demain.
Tu as besoin de ta voiture aujourd'hui ? . . . . .
— Non, mais j'en aurai besoin demain.
Ils vont à la campagne aujourd'hui ? . . . .
— Non, mais ils iront demain.

Exercice 2 :

Écoutez et répondez comme dans les exemples :

QU'EST-CE QUE TU AS FAIT HIER ?
(TRAVAILLER)
— HIER, J'AI TRAVAILLÉ.
ET AUJOURD'HUI (TRAVAILLER ENCORE)
— AUJOURD'HUI, JE TRAVAILLE ENCORE.
ET DEMAIN ? (NON)
— DEMAIN, JE NE TRAVAILLERAI PAS.

A vous :

Qu'est-ce que tu as fait hier ?
(travailler) . . . .
— Hier, j'ai travaillé.
Et aujourd'hui ? (travailler encore) . . . .
— Aujourd'hui, je travaille encore.
Et demain ? (non) . . . .
— Demain, je ne travaillerai pas.
Qu'est-ce qu'elle a fait hier ? (travailler) . . . .
— Hier, elle a travaillé.
Et aujourd'hui ? (travailler encore) . . . . . .
— Aujourd'hui, elle travaille encore.
Et demain ? (non) . . . .
— Demain, elle ne travaillera pas.
Qu'est-ce qu'ils ont fait hier ? (aller au cinéma) . . . .
— Hier, ils sont allés au cinéma.
Et aujourd'hui ? (aller encore au cinéma) . . . .
— Aujourd'hui, ils vont encore au cinéma.
Et demain ? (non) . . . .
— Demain, ils n'iront pas au cinéma.
Qu'est-ce que vous avez fait hier, toi et ta sœur ?
(aller au cinéma) . . . .
— Hier, nous sommes allées au cinéma.
Et aujourd'hui ? (aller encore au cinéma) . . . .
— Aujourd'hui nous allons encore au cinéma.
Et demain ? (non) . . . .
— Demain, nous n'irons pas au cinéma.

UNITÉ 4 - Leçon 2 : Vivre à Montpellier

1. DIALOGUE (voir livre élève page 114)

2. SÉQUENCES DE TRAVAIL
   (Écoutez la séquence puis parlez après le signal)

a) — Il y a du courrier ?
   — Oui, l'office de tourisme de Montpellier nous a répondu
   C'est dans la grosse enveloppe qui est sur la table

   ● Il y a du courrier ?
   — Oui, l'office de tourisme de Montpellier nous a répondu (bip)

   — . . . .
   — C'est dans la grosse enveloppe qui est sur la table.

b) — Il n'y a pas un guide de la région ?
   — Si, si, c'est moi qui l'ai.

   ● Il n'y a pas un guide de la région ? (bip)

   — . . . .
   — Si, si, c'est moi qui l'ai.

c) — Le ciel est bleu 280 jours par an.
   — C'est formidable ! On ira à la plage tout le temps.

   ● Le ciel est bleu 280 jours par an (bip)

   — . . . .
   — C'est formidable ! on ira à la plage tout le temps.

d) — Je ne vois pas la Camargue.
   — C'est là, à droite !
   — C'est bien. On pourra faire du cheval !

   ● Je ne vois pas la Camargue.
   — C'est là, à droite ! (bip)
   — . . . .
   — C'est bien. On pourra faire du cheval !

3. RYTHME ET INTONATION

Écoutez :

C'est une ville très agréable.
C'est une ville très agréable (**répétez**)

. . . .

Elle laisse aux visiteurs un souvenir extraordinaire.
Elle laisse aux visiteurs un souvenir extraordinaire (**répétez**) . . . .
J'ai envie de skier et de bronzer.
J'ai envie de skier et de bronzer (**répétez**)

. . . .

4. ENTRAINEMENT PHONÉTIQUE :
   Opposition des sons [s] et [z]

Répétez après le signal

Il y a plusieurs usines (bip) . . . .
Lise est représentante (bip) . . . .
Tu veux quelque chose ? un jus de raisin ? (bip) . . .

Ce sont des renseignements scientifiques (bip) . . . .

Voici l'office de tourisme (bip) . . . .
On descendra samedi 17 septembre (bip) . . . .
Est-ce que ça t'intéresse ? (bip) . . . .

5. MÉCANISMES

Exercice 1 :

Écoutez et transformez comme dans l'exemple :

IL Y A UNE ENVELOPPE SUR LA TABLE.
PRENDS-LA.
   PRENDS L'ENVELOPPE QUI EST SUR LA
   TABLE.

A vous :

Il y a une enveloppe sur la table. Prends-la . . . .
   Prends l'enveloppe qui est sur la table.
Il y a un poulet dans le réfrigérateur. Sors-le . . . . .
   Sors le poulet qui est dans le réfrigérateur.
Il y a des cigarettes dans la poche de ma veste. Donne-les moi . . . . . .
   Donne-moi les cigarettes qui sont dans la poche de ma veste.
Il y a un enfant devant la maison. Appelle-le . . . . . .
   Appelle l'enfant qui est devant la maison.
Il y a une carte dans la voiture. Va la chercher . . . . .
   Va chercher la carte qui est dans la voiture.
Il y a une boulangerie près de la pharmacie. Vas-y . . .
   Va à la boulangerie qui est près de la pharmacie.
Il y a des vêtements sur ton lit. Range-les . . . .
   Range les vêtements qui sont sur ton lit.

Exercice 2 :

Écoutez et transformez en employant « C'est quelqu'un qui ... » ou « C'est quelque chose qui ... » comme dans l'exemple :

UN BURALISTE VEND DES ARTICLES POUR
FUMEURS.

UN BURALISTE, C'EST QUELQU'UN QUI VEND
DES ARTICLES POUR FUMEURS.
UNE FOURCHETTE, SERT A MANGER.
UNE FOURCHETTE, C'EST QUELQUE CHOSE QUI
SERT A MANGER.

A vous :

Un buraliste vend des articles pour fumeurs . . . .
   Un buraliste, c'est quelqu'un qui vend des articles
   pour fumeurs.
Un célibataire n'est pas marié . . . .
   Un célibataire, c'est quelqu'un qui n'est pas marié.
Une manivelle sert à desserrer une roue . . . .
   Une manivelle, c'est quelque chose qui sert à
   desserrer une roue.
Une vendeuse travaille dans un magasin . . . .
   Une vendeuse, c'est quelqu'un qui travaille dans
   un magasin.
Un droguiste vend des produits d'entretien . . . .
   Un droguiste, c'est quelqu'un qui vend des produits
   d'entretien.
Une poêle sert à faire la cuisine . . . .
   Une poêle, c'est quelque chose qui sert à faire la
   cuisine.

UNITÉ 4 - Leçon 3:
A la recherche d'une villa

1. DIALOGUE (voir livre élève page 121)

2. SÉQUENCES DE TRAVAIL
(Écoutez la séquence, puis parlez après le signal)

a) — Il y a un joli jardin avec des arbres
    — Ça c'est agréable
    — Vous verrez, c'est tout près d'un centre com-
      mercial
    — C'est pratique

    ● Il y a un joli jardin avec des arbres (bip)
    — . . . .
    — Ça c'est agréable
    — Vous verrez, c'est tout près d'un centre com-
      mercial (bip) . . . .
    — C'est pratique

b) — Alors, qu'est-ce que vous en pensez ?
    — Moi, je la trouve très bien. Pas toi ?
    — Si, elle me plaît

    ● Alors, qu'est-ce que vous en pensez ? (bip)
    — . . . .
    — Moi, je la trouve très bien. Pas toi ?
    — Si, elle me plaît

c) — Le loyer est de combien ?
    — 3 500 F par mois. C'est raisonnable !
    — Oui, ce n'est pas trop cher

    ● Le loyer est de combien ?
    — 3 500 F par mois. C'est raisonnable ! (bip)
    — . . . .
    — Oui, ce n'est pas trop cher.

3. RYTHME ET INTONATION

Écoutez :

Ils veulent une villa ; il leur faut trois chambres
Ils veulent une villa ; il leur faut trois chambres **(répé-
tez)** . . . .
Cette villa fait 120 m^2
Cette villa fait 120 m^2 **(répétez)**
. . . .

Vous voyez les feux ?
Vous voyez les feux ? **(répétez)**
. . . .
En face vous garez facilement votre voiture
En face vous garez facilement votre voiture **(répétez)**
. . . .

4. ENTRAINEMENT PHONÉTIQUE
Opposition des sons [f] et [v]

Répétez après le signal

Vous êtes fou (bip) . . . .
Vous avez faim, vous avez froid (bip) . . . .
C'est facile, mais faites attention (bip) . . . .
Je fais du café (bip) . . . .
On va visiter ce village (bip) . . . .
Ah ! un voyage à Venise (bip) . . . .
Avez-vous une manivelle ? (bip) . . . .
Votre voiture est neuve ? (bip) . . . .

5. MÉCANISMES

Exercice 1 :

Écoutez et transformez comme dans les exemples :
JE VAIS VOUS MONTRER UNE VILLA. ELLE
VOUS PLAIRA.
   JE VAIS VOUS MONTRER UNE VILLA QUI VOUS
   PLAIRA.
JE CONNAIS UNE PETITE MAISON. JE LA
TROUVE TRÈS BIEN.
   JE CONNAIS UNE PETITE MAISON QUE JE
   TROUVE TRÈS BIEN.

A vous :

Je vais vous montrer une villa. Elle vous plaira . . . . .
   Je vais vous montrer une villa qui vous plaira.
Je connais une petite maison. Je la trouve très bien . .
   Je connais une petite maison que je trouve très
   bien.
Les Pellicier vont louer cette villa. Elle a deux étages .
   Les Pellicier vont louer cette villa qui a deux
   étages.
Il y a un centre commercial. Il se trouve à 500 m . . .
   Il y a un centre commercial qui se trouve à 500 m.
Ils ont choisi une jolie villa. Cette villa a un jardin . . .
   Ils ont choisi une jolie villa qui a un jardin.
J'ai des amis à Montpellier. Je les vois l'été . . . . . .
   J'ai des amis à Montpellier que je vois l'été.

Exercice 2 :

Écoutez et répondez comme dans les exemples :
MONSIEUR TALBOT DIRIGE L'AGENCE ?
   (MADAME TALBOT)
— NON, C'EST MADAME TALBOT QUI DIRIGE
   L'AGENCE.
VOUS CHERCHEZ UN APPARTEMENT ?
   (UNE VILLA)
— NON, C'EST UNE VILLA QUE JE CHERCHE.

A vous :

Monsieur Talbot dirige l'agence ? (Madame Talbot) . .
— Non, c'est Madame Talbot qui dirige l'agence.
Vous cherchez un apparement ? (une villa) . . . .
— Non, c'est une villa que je cherche.
Ils vont habiter à Palavas ? (Castelnau) . . . .
— Non, c'est à Castelnau qu'ils vont habiter.
New York est la capitale des États-Unis ? (Washington) .
— Non, c'est Washington qui est la capitale des États-
Unis.
Gérard veut un vélomoteur ? (une moto) . . . .
— Non, c'est une moto qu'il veut .

UNITÉ 4 - Leçon 4: L'installation

1. DIALOGUE (voir livre élève page 128)

2. SÉQUENCES DE TRAVAIL
   (Écoutez la séquence, puis parlez après le signal)

a) — Moi, je veux la chambre blanche. Mon placard
     est trop petit.
   — Ah non, je ne suis pas d'accord ! Tu gardes la
     tienne, je garde la mienne.

   ● Moi, je veux la chambre blanche. Mon placard
     est trop petit (bip)
   — . . . .
   — Ah non, je ne suis pas d'accord ! Tu gardes la
     tienne, je garde la mienne.

b) — J'ai beaucoup de vêtements.
   — J'en ai autant que toi.
   — C'est faux. J'en ai bien plus que toi.

   ● J'ai beaucoup de vêtements (bip)
   — . . . .
   — J'en ai autant que toi.
   — C'est faux. J'en ai bien plus que toi.

c) — Je suis moins forte que toi. Les caisses sont
     beaucoup trop lourdes, je vais porter les cartons.
   — Bien sûr.

   ● Je suis moins forte que toi (bip)
   — . . . .
   — Les caisses sont beaucoup trop lourdes, je vais
     porter les cartons.
   — Bien sûr.

d) — Dites monsieur, l'armoire ne passe pas. Le cou-
     loir est trop étroit.
   — Passez par l'extérieur : la fenêtre de la chambre
     est assez large.

   ● Dites monsieur, l'armoire ne passe pas. Le cou-
     loir est trop étroit. (bip)
   — . . . .
   — Passez par l'extérieur : la fenêtre de la chambre
     est assez large.

3. RYTHME ET INTONATION

Écoutez :

Les Pellicier ont beaucoup de meubles.
Les Pellicier ont beaucoup de meubles (**répétez**)
. . . .
La chambre blanche est plus petite que la bleue.
La chambre blanche est plus petite que la bleue (**ré-
pétez**) . . . .
Le placard de la chambre bleue est plus grand.
le placard de la chambre bleue est plus grand (**répétez**)
. . . .
Il y a un lavabo dans le placard.
Il y a un lavabo dans le placard (**répétez**)
. . . .

4. ENTRAINEMENT PHONÉTIQUE :
   Opposition des sons [p] et [b]

Répétez après le signal

Porto n'est pas la capitale du Portugal (bip) . . . . . .
Comment s'appelle ton copain ? (bip) . . . .
N'ayez pas peur (bip) . . . .
Bon appétit (bip) . . . .
Au Brésil, il y a de belles plages de sable (bip) . . . .
Il habite dans la banlieue de Barcelone (bip) . . . . .
J'ai mis le blouson et l'imperméable dans la chambre
bleue (bip) . . . .

5. MÉCANISMES

Exercice 1 :

Écoutez et répondez comme dans les exemples :
A QUI EST CETTE VOITURE ? A TES PARENTS ?
— OUI, OUI, C'EST LA LEUR.
A QUI SONT CES CIGARETTES ? A TOI ?
— OUI, OUI, CE SONT LES MIENNES.

A vous :

A qui est cette voiture ? A tes parents ? . . . .
— Oui, oui, c'est la leur.
A qui sont ces cigarettes ? A toi ? . . . .
— Oui, oui, ce sont les miennes.
A qui est cet imperméable ? A ta sœur ? . . . .
— Oui, oui c'est le sien.
A qui est cette maison ? Aux Pellicier ? . . . .
— Oui, oui c'est la leur.
A qui sont ces livres ? A Virginie ? . . . .
— Oui, oui, ce sont les siens.
A qui est ce camion ? Aux déménageurs ? . . . . . .
— Oui, oui, c'est le leur.
A qui est cette agence immobilière ? A Madame Talbot ?
— Oui, oui, c'est la sienne.
A qui est ce stylo ? A toi ? . . . .
— Oui, oui, c'est le mien.
A qui sont ces enfants ? A vous ? . . . .
— Oui, oui, ce sont les nôtres.
A qui sont ces vêtements ? A nous ? . . . .
— Oui, oui, ce sont les vôtres.
A qui sont ces photos ? A tes amis ? . . . .
— Oui, oui, ce sont les leurs.

Exercice 2 :

**Écoutez et regardez bien le tableau et répondez « C'est
vrai » ou « C'est faux » aux phrases que vous allez
entendre, comme dans l'exemple :**

GÉRARD A MOINS DE LIVRES QUE VIRGINIE.
— C'EST FAUX. IL A PLUS DE LIVRES QU'ELLE.
VIRGINIE A AUTANT DE VETEMENTS QUE
GÉRARD.
— C'EST VRAI. ELLE A AUTANT DE VETE-
MENTS QUE LUI.

A vous :

Gérard a moins de livres que Virginie . . . .
— C'est faux. Il a plus de livres qu'elle.
Virginie a autant de vêtements que Gérard . . . . . .
— C'est vrai. Elle a autant de vêtements que lui.
Virginie a plus de disques que Gérard . . . .
— C'est faux. Elle a moins de disques que lui.
Gérard a autant d'amis que Virginie . . . .
— C'est vrai. Il a autant d'amis qu'elle.
Gérard a moins d'argent que Virginie . . . .
— C'est faux. Il a plus d'argent qu'elle.

UNITÉ 4 - Leçon 5: Le méchoui

1. DIALOGUE (voir livre élève page 135)

2. SÉQUENCES DE TRAVAIL
   (Écoutez la séquence, puis parlez après le signal)

a) — Alors ça vous plaît le Midi ? Vous êtes bien ici !
   — Oui, on est très bien.

   ● Alors ça vous plaît le Midi ? Vous êtes bien ici !
     (bip) . . . .
   — Oui, on est très bien.

b) — Vous êtes mieux que dans la région parisienne.

— Beaucoup mieux, c'est sûr !

● Vous êtes mieux que dans la région parisienne (bip) . . . .
— Beaucoup mieux, c'est sûr !

c) — Tenez, je vous ai coupé du gigot ! Ça vous va ?
— C'est parfait.
Hm, c'est délicieux !
— C'est bien meilleur qu'un gigot au four.

● Tenez, je vous ai coupé du gigot ! Ça vous va ? (bip)
— C'est parfait.
Hm, c'est délicieux ! (bip)

— C'est bien meilleur qu'un gigot au four.

3. RYTHME ET INTONATION

Écoutez :

Les touristes adorent la grotte des Demoiselles.
Les touristes adorent la grotte des Demoiselles (**répétez**)

. . . .

C'est un endroit extraordinaire.
C'est un endroit extraordinaire (**répétez**)

. . . .

J'ai très envie d'y aller.
J'ai très envie d'y aller (**répétez**)

. . . .

Bonne idée ! Quelle route faut-il prendre ?
Bonne idée ! Quelle route faut-il prendre ? (**répétez**)

. . . .

Attendez ! On va demander à Denis.
Attendez ! On va demander à Denis (**répétez**)

. . . .

4. ENTRAINEMENT PHONÉTIQUE :
Opposition des sons [t] et [d]

Répétez après le signal

Il fait des études techniques (bip) . . . .
La table est trop étroite (bip) . . . .
Il faut monter la tente (bip) . . . .
Il est tard, ta mère va s'inquiéter (bip) . . . .
J'adore la danse (bip) . . . .
Demain, je déjeune avec Denis (bip) . . . .
Vous descendez ici (bip) . . . .
C'est dangereux, les deux-roues (bip) . . . .

5. FRANÇAIS « STANDARD » ET FRANÇAIS « D'OC »

Écoutez la différence !

M. Pellicier (Parisien) dit :	Pierre (« Il est de Florac ») dit :
1. Je voudrais une cravate jaune et rose	Je voudrais une cravate jaune et rose [ʒə vudrɛ ynə kravatə ʒɔnərɔzə]
2. C'est du lait ? [sɛdylɛ]	C'est du lait ? [sedylə]
3. Je ne sais pas	Je ne sais pas [ʒə nə se pa]
4. J'ai acheté une maison [ʒɛaʃteyn mɛzɔ̃]	J'ai acheté une maison [ʒə aʃatə ynə mezɔ̃]
5. C'est près de la côte [sɛ prɛ dla kot]	C'est près de la côte [se pre də la kɔtə]
6. Tournez à gauche au rond-point	Tournez à gauche au rond-point [gɔ ʃorɔ̃ pwɛ̃]
7. Cette route est merveilleuse [mɛrvejɸz]	Cette route est merveilleuse [...e mɛrvejœzə]

6. MÉCANISMES

Exercice 1 :

Écoutez et répondez comme dans l'exemple :

C'EST UN BEAU PAYS. ON Y MANGE BIEN ?
— AH, OUI ! C'EST UN PAYS OU ON MANGE BIEN.

A vous :

C'est un beau pays. On y mange bien ? . . . .
— Ah, oui ! C'est un pays où on mange bien.
Il y fait beau ? . . . .
— Ah, oui ! C'est un pays où il fait beau.
Les gens y sont sympathiques ? . . . .
— Ah, oui ! C'est un pays où les gens sont sympathiques.
Il y a beaucoup de touristes ? . . . .
— Ah, oui ! C'est un pays où il y a beaucoup de touristes.
Il y a de bons hôtels ? . . . .
— Ah, oui ! C'est un pays où il y a de bons hôtels.
Les restaurants sont bon marché ? . . . .
— Ah, oui ! C'est un pays où les restaurants sont bon marché.

Exercice 2 :

Écoutez en employant un superlatif, comme dans l'exemple :

C'EST UNE BELLE RÉGION ?
— OUI, C'EST LA PLUS BELLE

A vous :

C'est une belle région ? . . . .
— Oui, c'est la plus belle.
C'est une moto rapide ? . . . .
— Oui, c'est la plus rapide.
C'est un bon restaurant ? . . . .
— Oui, c'est le meilleur.
C'est une bonne école ? . . . .
— Oui, c'est la meilleure.
C'est une saison calme ? . . . .
— Oui, c'est la plus calme.
C'est une route dangereuse ? . . . .
— Oui, c'est la plus dangereuse.

UNITÉ 4 - Bilan

TEXTE COMPLÉMENTAIRE
(voir livre élève page 145)